아이펀
창의독서교육연구소

창의이미지언어로 리딩하라!

손*자*병*법
이렇게 읽어라!

장 태 규 지음

Fair Start for Children

스스로 생각할 수 있는가!

손자왈 병자, 국지대사 사생지지,
존망지도 불가불찰야

孫子曰 兵者, 國之大事.
死生之地, 存亡之道, 不可不察也

손자가 말했다.
전쟁이란 백성들의 목숨과 나라의 존망이 걸려있는
매우 중요한 일이므로 여러 가지를 철저히 따지지 않으면 안 될 것이다.

무엇이 보이는가! 잘 살펴서 찰(察)해야 한다.
세상에 많은 **좋**은 것들과 **나**쁜 것들을 통찰력으로 배려하면
주변이 세심해지고 긍정적인 것들로 채워진다.
그러면 우리는 어떤 일이든 해결할 수 있는 생각을 하게 된다.
이것이 배움을 통해 갖는 유리한 형세, 곧 나의 통찰이다.

∷ **손자병법 독서를 시작하며~**

아이펀 창의독서교육은
지식을 기부하는 많은 분들의 나눔활동으로 성장합니다.

다가올 미래에 아동, 청소년에게 가장 필요한 것, 두 가지가 있다면 그것은 창의성과 리더십이다. 누구나 어릴 적부터 이 두 가지 역량은 갖고 태어나지만 성장하면서 소멸되거나 장점을 살리지 못하는 경우가 많다. 지금의 교육현장에서 좀 더 집중해야 할 부분이다.

<아이펀 창의독서교육센터1)>에서는 그동안 다양한 아이들에게 창의인성교육을 제공하면서 반복한 교육경험을 바탕으로 독서방법을 분석하였다. 책속에 여러 상황들을 다양하게 표현하는 아이들의 사고와 행동패턴도 인지하였다. 그것을 독서교육에 접목시켜 좀 더 재미있고 쉽게 인문고전을 읽을 수 있도록 안내하는 교재를 소개하게 되어 기쁘다.

<손자병법>은 중국 춘추시대에 살았던 전략가 손무(孫武)가 오(吳)나라 임금 합려(闔閭)를 위하여 지은 병법서이다. 세상에 존재하는 병법서중에 가장 오래된 병서이다.
2천5백 년 전에 써진 옛사람의 지혜이지만, 현실에 살고 있는 기업의 대표나 단체의 리더들이 어려운 일에 직면했을 때, 대처할 수 있는 방법을 알려주는 책으로 가장 많이 애독하는 인문고전이다.

<손자병법>의 매력은 사물과 지형의 관찰을 통한 분석, 인간의 심리상태를 잘 파악할 수 있도록 전시상황 속에서 긴장감있게 전개한 것이며 그 속에 과학적인 세심함까지 갖추고 있다.

본 교재는 아동, 청소년에게 창의적으로 인문고전을 <즐겁고 깊게 리딩하는 독서방법>을 알려주는 데 효과적인 방법을 제시한다. 학교교사와 학부모 및 현장에서 독서를 통해 교육을 준비하는 모든 분들이 쉽게 배우고 사용할 수 있는 독서교육의 지침서가 되기를 바란다.

---

1) 장태규 창의독서교육연구소에서 운영하는 독서교육을 운영하는 센터명

<장태규 창의독서교육연구소>의 모든 독서활동은 교육이 진행되는 과정 속에 8가지의 역량변화를 통해 창의인문독서 활동이 어떤 효과성을 갖고 향상하는지 체크할 수 있는 창의이론[S모듈]을 적용한다.

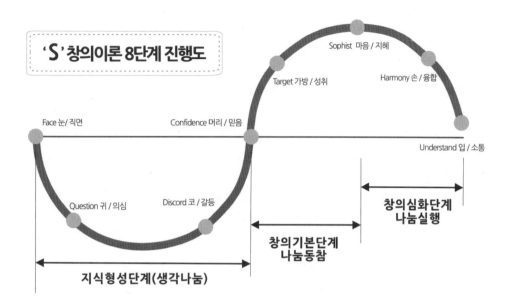

[1단계 직면단계 - 눈]
일상에 익숙해진 고정관념 속에서 자신의 문제를 정확하게 바라보고 관찰하는 단계

[2단계 의심단계 - 귀]
책속의 정보만을 신뢰하여 그 외에 소통활동에 장애를 갖는 단계

[3단계 갈등단계 - 코]
자기중심성으로 모든 문제를 바라보며 무엇이 문제인지 몰라 갈등을 겪는 단계

[4단계 믿음단계 - 머리]
자신의 지식을 신뢰하는 인문학적 사고를 통해 배움에 대한 가치관이 형성되는 단계

[5단계 성취단계- 마음]
다양한 분야에 창의적인 관점과 호기심으로 배움의 명확성이 효과를 거두는 단계

[6단계 지혜단계 - 마음]
조화로운 사고와 감정과 의지로 독창적 사고가 생성, 일상의 배려와 감동이 나타나는 단계

[7단계 융합단계 - 손]
관계의 갈등을 분석하고 해결하는 통합적 사고능력이 습득되어 균형을 이루는 실행단계

[8단계 소통단계 - 입]
배움의 지식이 상대를 배려하는 언어선택으로 누구와도 쉽게 대화하며 소통하는 단계

창의독서교육 손자병법과정(32회차)교육은 누구나 쉽게 배워 아이들에게 나눌 수 있는 장점을 갖고 있다. 아래 4단계에 제시된 8개 주제로 반복된다.

창의독서교육 4단계과정

[1단계 주제 독서코칭]
손자병법을 8개의 주제와 8개의 창의S이론의 핵심단어로 토론이 진행됩니다.

[2단계 융합 독서코칭]
이솝우화의 교훈을 이야기하고 1단계 손자병법 주제와 융합하여 토론활동을 합니다.

[3단계 이미지언어 독서코칭]
글로 완성된 자신의 생각을 이미지 언어로 표현하는 창의독서 교육활동입니다.

[4단계 글쓰기 독서코칭]
손자병법 주제와 이솝우화의 토론내용을 통합, 자신의 생각을 글로 써보는 글쓰기 활동입니다.

아이펀 창의독서교육 모임에는 다양한 분야의 직장인과 교사, 대학생들이 참여하여 소소한 변화에서부터 크고 놀라운 변화까지 독서와 토론을 통해 경험하고 있다.
아울러 아동, 청소년들도 다각적인 사고의 확장과 글을 이미지로 떠올리는 연관성을 배움으로써 인문학적 사고가 향상되고 있는 변화를 스스로 알아가고 있다.

청소년이나 청년들은 자신의 삶을 변화시켜줄 한 문장을 통해 터닝포인트(전환점)을 찾는다. 그 전환점의 생각들은 일상의 소소한 경험에서부터 시작된다. 독서를 통해 일상을 잘 관찰하는 시각이 전환점을 찾도록 도와준다. 우리는 책을 읽으면서 많은 단어와 문장을 만난다. 지금까지 물 흐르듯 읽으며 넘겼다면 이제는 하나하나 깊이 있게 몰입하며 자극의 전환점을 만들어야 할 것이다.

창의독서법의 4단계 독서코칭과 창의S이론은 학생과 교사에게 독창적인 사고력과 언어, 도형, 입체적 관점, 다양한 표현력을 알려준다. 책속에서 글이 의미하는 본질과 의미들을 자기생각으로 해석하고 정의 내리는 활동은 무엇보다 중요한 삶의 과정이다.

향후 다가올 미래는 많은 변화와 혁신이 있을 것이다. 그 미래는 우리 아이들이 살아야 할 일상이기도 하다. 창의독서활동은 기본적인 교육을 배우고 일상을 알아가는 데 꼭 필요한 심미적 역량을 배우도록 배려할 것이다. 결국 균형있는 역량습득이 미래의 창의적인 리더로 성장하게 도와주는 경쟁력이 될 것이다.

2017. 1. 3
창의독서교육연구소
대표 장 태 규

목차 | Contents

**▎ 책 속에 지혜를 나눔으로 코칭하는 창의독서교육
아동, 청소년을 성장시키는 미래교육 모델제시**

　어릴적 인문고전을 읽으며 성장한 청소년들은 본질 사고를 기반으로 또래 친구들과는 다른 독창적 사고를 하게 된다. 삼류대학을 일류대학으로 바꾼 <시카고플랜2)>이 그 좋은 예이다. 100권의 인문고전을 읽고 자신의 생각을 글로 표현하게 함으로써 85명의 노벨상 수상자를 한 대학교에서 배출했다. 근래 인문고전의 효과성이 증명되면서 국내에서도 인문학의 관심이 고조되고 있으나 인문고전을 읽는다는 것은 쉽지 않고 또한 글속에서 본질과 가치를 찾아 흥미를 갖는다는 것은 더욱 어려운 일이다.

　유명한 작가와 인문학교수가 진행하는 수준 높은 강연들은 학부모와 직장인 및 대학생들에게 높은 흥미와 집중력을 준다. 그러나 수준 높은 강연을 항상 접한다는 것 또한 쉬운 일이 아니다. 창의적인 독서방법을 배운 후에 단회성의 강연들을 들으며 지속적인 자극들을 스스로에게 줄 수 있는 환경을 만들어준다면 가장 좋을 것이다.

　장태규 창의독서교육연구소에서는 배워서 나누는 일을 최고의 가치로 정하고 있다. 지난 2013년 8월부터 인문고전 독서모임을 국내 아동, 청소년 및 교사들에게 전파시키기 위해 [창의인문독서 코칭봉사단3)]를 조직하여 활동을 시작하였다.

　급한 요청에 의해 봉사단이 만들어지거나 시간이 남는다고 할 수 있는 봉사활동은 오래가지 못한다. 평소에 꾸준히 봉사분야의 필요한 재능을 높이는 노력과 열정을 쏟아야 한다. 그런 준비와 진정성만이 소외지역의 지역아동센터4) 아이들에게 필요한 독서교육의 효과를 나눌 수 있다.

---

2) 미국 일리노이주 록펠러가 세운 시카고대학에 1929년 로버트 허친스 총장이 실시한 인문학 읽기교육
3) 중,고 청소년, 교사, 학부모 등이 매주 창의독서코칭을 받고 빈민가에 독서교사로 활동하는 재능기부봉사단
4) 저소득가정의 아동(초등학생)들을 대상으로 방과후에 교육을 지원하는 국가지원 단체

아이펀 창의독서교육은 기존의 리딩과 차이가 있는 독창성을 갖고 있다. 글을 읽고 쓰고 이야기하면서 자신의 생각을 융합하여 표현하는 4가지 방법은 누구나 쉽게 배우고 익히며 가르칠 수 있도록 도와준다. 지난 10년간 수천 명의 아동, 청소년에게 다양한 재료를 활용하여 실시한 창의교육5)의 노하우가 독서교육에 활용되었다.

독서교육을 받고 있는 회원(중, 고, 성인)들은 모두 월1회 독서나눔활동을 한다. 1차 대상은 저소득가정의 아동, 청소년이 공부하는 공부방(지역아동센터)의 교사와 센터장들을 대상으로 한다. 이것은 단회성으로 끝나는 기존의 나눔활동을 지양하기 위함이다. 이후에 진행되는 대상은 지역아동센터에 내원하는 초, 중등생 아동, 청소년에게 적용한다. 나눔의 지속성은 미래의 청소년들에게 효과적인 교육모델로 발전할 것이다.

현재 전국의 지역아동센터는 4천개(2016년 기준)가 넘는다. 지원되는 예산으로 잘 운영하는 곳도 있지만 여전히 운영의 어려움을 겪는 곳이 더 많다. 운영비와 교육자원의 부족도 큰 문제이지만 결국 국가보조를 받는 공부방에서는 교육의 효과성을 증명해 낼 수 있는 교육모델이 더 절실해 보인다.

특히 취약계층의 아동, 청소년들에게 배려해야 할 것은 전문적인 교육의 동등한 기회부여와 지속성이다. 이 두 가지를 해결하기 위해 아이펀 창의독서교육센터에서는 현재 운영되고 있는 지역아동센터에 필요한 독서교육의 역할을 생각해보았다.

첫째, 방과후 학교 및 지역아동센터에서 배우고 있는 국어, 영어, 수학, 및 예체능 교육활동을 보강할 수 있는 기본교육(창의, 인성)으로써의 역할을 제공한다.

둘째, 아동, 청소년의 창의, 인성교육을 위해 인문고전을 읽을 수 있는 지속적인 독서방법을 제공한다.

셋째, 교사와 센터장 및 지역아동센터에서 보유하고 있는 자원봉사자(대학생)들을 대상으로 독서교사교육을 통해 자생적으로 교육시스템이 구축되도록 지원한다.

넷째, 6개월 단위로 학교나 지역아동센터에 독서교육의 재교육이 지원될 수 있도록 훈련된 독서교사를 양성하고 파견한다.

본 독서교육은 추가로 예산을 편성하지 않고도 현재 지역아동센터의 교사와 봉사자를 교육하여 운영할 수 있는 모델이다. 특히 교육자원이 부족한 지방에서는 높은 만족도를 얻으며 제공될 것이다. 이런 활동들이 현재 차별화된 교육효과가 절실하게 필요한 지방의 초, 중학교 및 지역아동센터에게 경쟁력있는 교육의 효과로 도움이 되기를 바란다.
아울러 일반 학교(공립, 사립)의 방과후 창의인성교육의 전문적인 교육(초, 중, 고등학교)모델로도 좋은 지침서가 될 것이다.
특별히 중학교 1~2학년 학생들에게 전면적으로 실시되는 자유학기제와 관련하여 여러 가지 활동들 중에 창의독서동아리 운영과 독창적인 진로탐색을 도와주는 토론활동으로 활용될 수 있기를 기대한다.

---

5) 아이펀 창의센터에서는 2008년부터 평면과 입체를 융합한 창의교육을 진행하고 있다. www.ifunstudio.org

사람은 성장하면서 아동기, 청소년기, 청년기, 성년기, 노년기를 거치며 5번 성향이 바뀐다. 한사람의 성격도 최소 5번이상의 자기체크가 필요하다. 행복한 삶을 위해 성격변화의 점검은 반드시 필요하다. 이는 관계성에서 겪게 되는 많은 갈등을 최소화하는 데 도움을 준다.

특히 아동기에서 청소년기로 넘어오는 시기에 질풍노도(疾風怒濤)의 불안한 자아정체성을 갖고 있는 이들의 발달단계에 관계성을 견고하게 해주는 사회화학습은 큰 비중을 차지한다.

청소년시기에 독서를 통해 깊은 사고를 경험하고 배움의 내용과 책의 본질을 생각하는 경험을 반복하면 그렇지 않은 친구들과는 사고의 큰 차이가 생긴다.

인문독서를 통해 어떤 것이 문제이고 어떤 것에 집중을 해야 하는가?의 고민은 다독(多讀)을 한다고 해결되는 것은 아니다.

창의성과 인문학을 한 번에 경험하면 어떤 기본적인 것들이 견고해지는지 살펴보자. 이는 아이들에게 무엇이 갈등이고 어떤 역량이 필요한지 해답을 제시해 줄 것이다.

첫째, 자아인지능력의 차이가 발생하기 시작한다.

자신을 소중한 사람으로 여기는 인식이 부족한 아이들은 창의적인 독서를 하지 못한 아이들이다. 어떤 새로운 일을 하기 전에 늘 그것을 잘 할 수 없을 것이라 생각한다. 하기도 전에 떨어져 버린 자신감은 그 일에 직면하였을 때 성취할 수 있는 성공확률을 떨어뜨린다. 일에 대한 성취와 만족도가 떨어지는 경험은 자신이 정말 이 세상에 가치 있는 사람인가 혹은 쓸모없는 사람인가에 대한 직면까지도 하게 만든다.

어떤 일이든 자신이 중심이 되지 않으면 그 가치를 느끼지 못하고 작은 일에 소홀히 대하는 마음도 생긴다.

일상에서 일어나는 작은 일들에 소홀해진 마음은 삶의 심미적인 역량을 갖지 못하게 하여 주변 환경에 대한 만족감을 떨어뜨린다. 청소년기에 큰 부분을 차지하는 학교와 교우생활에 만족감을 느끼지 못하고 성장한다는 것은 슬픈 일이다. 자신을 알아가는 기회가 적기 때문이다. 관계성이 좋지 않은 아이들은 늘 혼자이거나 외롭다는 생각을 많이 한다. 객관적으로 자신(자아)을 볼 수 있는 상호작용이 상대적으로 적다는 의미이다.

둘째, 갈등조절능력에서 차이가 발생한다.

청소년은 그 시기에 많은 갈등의 문제를 겪는다. 갈등을 침착하게 직면하는 청소년들이 있는가 하면 쉽게 당황하여 아무런 해결방법을 찾지 못하고 우왕좌왕하는 청소년도 있다. 회피하지도 못하면서 두려운 부담만 갖고 있다.

청소년기 갈등은 친구들과의 관계성에서 가장 많이 발생한다. 친구들의 의견이 나와 다르면 그 사람을 의식하여 신경이 예민해지고 결국에는 활동모임(동아리)에서 이탈하는 결정을 내린다.

갈등조절능력이 떨어진 청소년들은 또래친구나 부모와 의견대립에 직면했을 때 쉽게 해결점을 찾지 못한다. 오히려 가까운 친구나 가족에게 자신의 갈등을 공격적으로 표현하는 행동이 왜곡된 관점으로 모두에게 상처를 주게 되는 경우가 많아진다. 이런 경험이 반복되면 아예 갈등이 예상되는 상황을 예측하고 근처에도 가지 않는 회피행동으로 이어진다.

내 마음속 문제는 피한다고 없어지는 것은 아니다. 언젠가는 다시 또 다른 상황으로 직면하게 되기 때문이다.

어떤 친구들은 갈등이 발생하였을 때에 자기방어기제를 써서 순간을 넘기기도 한다. 상황을 합리화시키거나 혹은 자신의 행동에 이유를 만들어 부정하고 회피하는 방법을 찾는다. 이런 방법들로 한번 넘긴 위기는 더욱 잘못된 신념을 갖게 하여 자신의 방어기제를 견고히 하는 데 독서의 효과성을 활용한다. 남과의 다툼에서 이기기 위해 독서하는 목표를 설정한다.

그러나 창의적인 독서방법을 통해 조화로운 사고와 감정을 체험한 청소년들은 적당한 긴장과 갈등을 즐기며 자신의 성취동기를 높이는 데 독서를 사용한다. 시간이 흐를수록 사람을 대하는 소통에서 격차가 벌어지기 시작한다.

셋째로 문제해결능력의 차이가 생긴다.

청소년들은 해결해야할 문제가 발생하면 한가지의 답만을 찾으려 한다. 지금껏 우리교육이 그래왔고 또 그런 답을 통해 교사나 부모가 칭찬을 해왔기 때문이다. 한가지의 정확한 답은 다양한 아이들의 사고능력을 성장시키지 못하는 결과를 낳는다.

복잡한 문제나 상황이 생기면 부분보다는 전체를 보는 사고로 문제를 세분화시키지 못하고 한 개의 답으로 문제를 해결하려는 고정관념을 갖는다. 이것은 독서를 하면서 다양한 사고를 끄집어내는 훈련으로 해결해야한다. 새롭게 생성되는 시각(관점)의 차이는 문제해결의 큰 영향을 미친다.

다가올 미래는 다양한 욕구와 문제들로 넘쳐난다. 단순한 서비스와 사고를 갖고 해결이 가능한 일들이 점점 줄어든다는 이야기이다. 지금까지의 문제해결 방법과 익숙해진 과거의 방법들은 내려놓고 유연한 사고의 다양한 관점을 갖고 직면해야 한다.

사람들은 문제를 해결하고 습득된 해결방법을 오랫동안 믿고 사용한다. "3살 버릇이 80세까지 간다"라는 속담은 한번 몸에 익은 버릇은 좀처럼 바꾸기 어렵다는 인간행동의 속성을 설명한다. 그래서 몸에 익은 우리의 습관과 사고에는 늘 고정관념과 편견이라는 것이 있어 변화의 어려움을 준다.

현장에서 만난 청소년들 대부분은 자신의 문제와 진로에 대해 고민하고 해결방법도 잘 파악하고 있었다. 그러나 안타까운 것은 문제의 원인과 해결방식을 알면서도 그것을 실행(實行)에 옮기는 역량이 부족하여 성취결과를 얻지 못한다는 것이다.

대부분의 사람들은 자신의 문제를 고민하다가 책을 읽으며 글속에서 찾은 교훈으로 문제 해결 방법을 찾았다고 착각한다. 이것은 손자병법을 100번 읽었다고 자신이 손무처럼 전쟁의 전문가가 되었다고 생각하는 것과 크게 다르지 않다. 그러나 이론만으로 전쟁의 승리와 패배를 알 수 없듯이 자신의 진로를 놓고 여러 해 고민하여 얻은 답만을 갖고 진로가 해결되었다고 말할 수 없다. 입으로는 시인하나 실행에 주저하고 있는 결심을 행동으로 옮겨야 한다.

자신의 진로를 찾는 것에 실패한 이유가 뭘까 고민하다가 더 많은 책을 읽지 못한 것이라고 판단하거나, 더 좋은 책을 찾지 못해서라는 결론을 내려 다독(多讀)에 몰입한다. 이것은 다독의 문제라고 볼 수 없다.

손자병법 한권만 깊이 읽어도 2천년전 나라의 흥망성쇠를 위해 치열하게 지혜를 말하던 성현들의 사고를 배울 수 있다. 어떻게 읽을 것이냐와 무엇을 끄집어내서 어떤 소통을 현실에서 행(行)할 것이냐가 중요한 것이다.

넷째로 성취동기의 차이가 생긴다.

어떤 일이든 노력하면 이룰 수 있다고 생각하는 청소년과 그렇지 않다고 생각하는 청소년의 행동에는 차이가 있다. 그 차이는 어떤 일에 재미를 부여하고 호기심과 흥미를 유발시키는 사고가 있느냐, 없느냐로 나타난다. 평소 독서를 통해 평범한 문장의 내용이라도 그 뒷이야기를 통해 재미를 부여하고 관심을 갖게 하는 스토리텔링 교육을 열심히 했다면 일사에 호기심과 흥미를 잃지 않는다. 이는 독서로 찾은 이야기를 자신의 이미지로 그리며 토론에 집중한 결과와 연결된다. 이 역량은 어려운 상황에서도 포기하지 않고 자기만의 아이디어를 내고 문제를 풀어보려는 리더의 모습을 갖게 한다.

청소년시기에는 특히 어떤 일이건 그것이 나와 관련이 없다고 생각하는 순간 집중력을 잃어버린다. 세상 모든 일들이 내 삶과 관련되어 있고 내게 도움이 된다는 폭넓은 가치관과 적극적인 행동은 매우 중요하다. 이것은 하고자하는 일에 목표를 바라보는 유연한 시각과 사고에서 나온다. 마음속 깊이 소통하고자하는 이유를 자신의 스토리텔링으로 만들어 시각적인 목표설정으로 이해한다면 성취동기를 자극하는 터닝포인트가 된다.

마음속에 이루고 싶은 성취동기만큼 미래지향적인 것은 없다. 그러나 독서를 통해 다양한 방법으로 미래를 내다보고 추측하는 통찰력과 사고를 훈련하지 않으면 현실에서 미래를 내다보는 것이 힘들게 된다. 성취동기는 내가 이루고자하는 미래의 목표와 연관성이 깊고 내가 살고 있는 현재 삶의 목표와도 연결되어 있다. 청소년들의 진로는 여기서 시작되어야 한다. 명확한 진로는 내가 무엇을 배워야하며 왜 공부를 해야 하는지 아는 것이다. 그 정리가 되지 않으면 지금의 공부가 미래에 도움을 줄 것이라는 확신은 떨어지게 된다. 그런 이유로 공부에 필요한 우선순위를 정하기도 어렵게 되고 사용가능한 지식습득의 속도에도 한계성을 갖게 된다. 시간을 짜임새 있게 쓰는 방법과 미래를 먼저 내다보는 창의적인 리더들의 배움을 잘 관찰할 필요가 있다.

다섯째로 대인관계능력의 차이이다.

청소년들과 상담을 하면 자주 이런 말을 듣는다.
누군가 한명이라도 자신의 이야기에 귀를 기울여주고 진심으로 지지해주었더라면 이런 방황은 하지 않았을 것입니다!

현대인들은 누구나 외롭다. 그런 외로움을 이겨내기 위해 대인관계를 갖는다. 가장 작은 단위는 가정이다. 다음은 지역사회, 회사, 국가가 된다. 관계성의 첫 체험은 어릴적 가정에서 습득되고 길러진다. 그러나 가족(가정)의 형태가 변화하고 역할이 약해진 요즘 관계성에 대해 부모에게서 제대로 배우지 못한 청소년들이 더 많다. 이것은 소외계층의 아동, 청소년 일수록 더 심하다.

가까운 친구나 동료와 대화할 때 진심으로 마음을 터놓고 대화해본 적이 있는가!
혹은 잘 모르는 사람에게 내가 먼저 말을 건네 본 적은 있나?
아니면 상대방이 다가 올 때까지 기다리는 편인가?

또래 관계에서 친구들과 지속적인 관계를 유지하지 못하고 갈등을 겪다가 멀어지는 청소년들을 본다. 혹은 오래 만났지만 깊은 관계를 갖지 못하는 경우도 그렇다. 문제는 이런 대인관계의 형성들이 성장하면서 지속적으로 반복된다는 것이다.

이런 문제들은 왜 일어날까? 결국 상대방의 입장에서 생각해보고 공감해주는 역량이 부족하기 때문이다. 경청은 대인관계능력에 중요한 스킬이다. 창의독서토론에서는 상대의 이야기를 듣지 않으면 토론이 진행되지 않는다.
내가 중심이 되어 주도하는 대화가 아니라 다른 사람의 의견을 잘 들어야하는 것이 더 중요한 과정이다. 그러나 모두가 알고 있는 이 사실을 잘 행하지 못한다. 그 이유가 무엇일까?

경청이 어려운 이유는 많다. 그 중에 몇 가지 이야기해보면 이렇다.

첫째, 경청은 혼자 할 수 없다.
글을 쓰거나 책을 읽거나 하는 것은 혼자 연습하고 훈련할 수 있지만 경청은 꼭 상대방이 있어야 훈련이 가능하다.

둘째, 말하는 것과 듣는 것이 반복될 때, 상대방의 말을 듣고 생각을 먼저 한다.
생각은 말보다 4배가 빠르다. 우리는 말을 듣고 생각의 속도를 늦춰서 생각의 행간을 맞추는 훈련이 필요하다. 그렇지 않으면 말의 속도로 생각을 따라잡을 수 없기에 경청은 어려워진다.

마지막으로 상대방의 다양성을 존중하고 인정하지 않으면 바른 경청을 할 수 없다.
자신의 내 생각이 옳고, 다른 사람의 의견은 중요하지 않다고 생각한다면 두 개의 귀로도 상대방의 이야기를 바르게 들을 수 없다.

마지막으로 리더십역량의 차이가 생긴다.

청소년이나 청년의 리더십에 대한 훈련은 개인의 노력에 책임성을 두고 있다. 학교에서도 리더십을 가르쳐주지 않고 새로 들어간 직장에서도 신입직원들을 위한 리더십 교육은 따로 진행되지 않는다. 이처럼 리더십은 학교 밖 혹은 회사 밖의 교육프로그램을 챙겨서 들어야하는 개인의 책임을 필요로 한다.
그런 반면 회사의 조직에서는 인재를 말할 때 리더십을 요구한다. 어딘가에서 리더십을 지속적으로 쉽게 배울 수 있는 곳이 있다면 얼마나 좋을까?
리더십이라면 사람들은 자기가 맡은 일에 끝까지 최선을 다하고 책임을 지는 것이라 말한다. 틀린 말은 아니다. 특히 교사는 리더십이 있어야 좋은 교사이다. 학부모들은 너무나 자주 교사가 바뀌는 학원을 신뢰하지 않는다. 교사의 능력은 아이들을 잘 가르치는 것도 중요하고 학생을 잘 관리하는 것도 중요하지만, 끝까지 지켜주고 곁에 있어주는 교사를 더 신뢰한다.

결국, 나 자신의 유익에 의해서 판단하고 행동하는 것 보다 타인의 의견을 존중하고 좀 더 큰 뜻을 추구하며 배려하는 마음이 리더십의 기본이라 하겠다.
사람들은 대부분 어떤 일에 대가를 바라고 계산한다. 그것이 당연한 것일 수 있다. 그러나 종종 대가없이 남을 돕는 일에 즐거워하고 그것이 알려지는 것을 조심하는 사람들이 있다. 꼭 내 일이 아니더라도 그것을 해결하기 위해 최선을 다하는 모습에서 리더십의 나눔은 성장할 것이다.

창의적인 독서토론은 홀로 하는 활동이 아니다. 소규모의 그룹을 구성하고 다양한 사고의 토론을 통해 재미있는 스토리텔링들을 주고받으며 진행되는 것이다.

그룹으로 스토리를 만들고 영상작업을 시작한다면 그 속에 참여한 학생들에게는 다양한 역할을 주어야 한다. 카메라를 맡은 친구, 조명을 잡고 있는 친구, 컴퓨터 편집을 좋아하는 친구, 감독처럼 "큐"를 외치는 친구, 글을 쓰는 친구, 캐릭터를 움직이는 친구 등 모든 역할이 다르다.

헤라클레이토는 "장난감을 갖고 놀 때 모든 아이들은 왕이 된다!"고 말했다. 역할 놀이에 참여하는 아이들은 자신이 해야 할 것이 무엇인지에 집중하며 교육 과정 속에서 스스로 해야 할 일들을 찾고 몰입한다. 자연스럽게 상대방의 역할을 관찰하게 되고 그것에 자신의 역할을 맞추는 배려를 배운다. 이런 과정을 반복하면서 독서를 하고 소그룹활동을 경험한 청소년은 상황 속에서 역할을 리드하는 리더가 된다.

어떤 모임이던 자신의 존재감은 역할이행에서 나온다. 그룹에서 다양한 형태의 경험을 책으로 반복한 아이들은 특별한 상황에서 창의적인 역할을 찾아낸다. 참여구성원들의 의견을 조율하고 역할을 결정하며 흥미를 만들어내는 일을 한다. 이런 활동에 익숙한 청소년은 관계에서 갈등을 키우고 구성원과 싸우거나 하는 일로 그룹에 손해를 끼치지 않는다.

이미 소규모그룹 활동을 통해 다양한 관계의 경험을 결과로 성취해 본 친구들은 결과를 예측하고 성취했을 때에 기쁨을 알기 때문에 참고 견딘다.

처음과 끝을 보는 관점도 생긴다. 깊이 있는 토론으로 사고하는 관점은 미래를 예측하는 것에 익숙해진다. 이는 리더의 통찰력이 되고 추진력이 된다. 이 두 가지는 일반적으로 혼자서 읽는 독서로는 습득하기 어려운 활동역량이다.

아이펀 창의독서교육

손*자*병*법

CREATIVE READING EDU RESEARCH INSTITUTE

창의독서교육연구소
Jang. T.G

www.eduifun.com

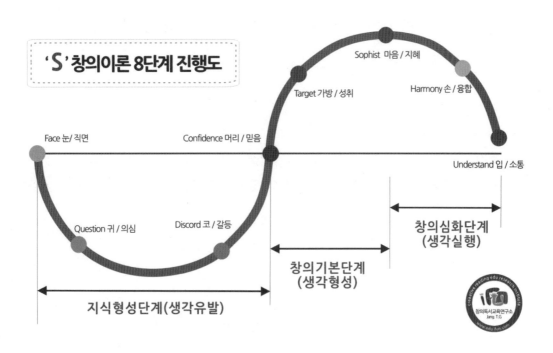

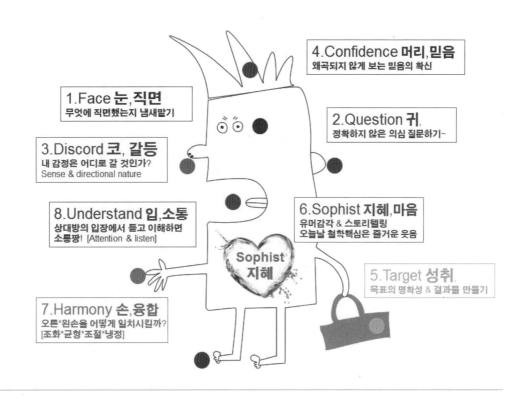

1. Face : 무엇에 직면했는지 바라보기

범주 - 일상의 고정관념
속성 - 문제를 정확히 보지 않기에 접점을 찾지 못하고 회피하는 사고
규칙 - 왜곡된 관점과 행동으로 소통의 갈등이 증폭, 네트워크나 소속의 참여거부

인간은 누구나 자신만의 틀(frame)을 만들고 살아간다. 그래서 자기만의 편한 틀이 있다. 종종 그것이 우리를 가두는 고정관념이 되기도 한다. 어떤 사람은 그것이 자신의 스타일이라 고집하며 노하우로 성장시키려 한다.

우리의 생각은 시대와 사회가 변화하면서 혹은 시간이 흐르면서 맞지 않게 되는 때가 온다. 특히 아이들을 가르치는 교사들의 교육법은 더욱 그렇다.

성장기 청소년들은 다양한 분야에 관심을 갖는다. 그러나 종종 많은 것들 중에서 자신이 몰입하고 즐겨하는 관심사고들을 하나의 틀(frame)안에 가두는 경우가 있다. 이는 곧 잘못된 방향성을 갖게 한다. 그 중에 청소년들은 급격하게 변화하는 신체에 대해 잘못된 인식을 갖는 경우가 많다. 이 시기에 신체에 대해 왜곡된 인식을 갖게 되면 성장하는 청소년들은 몸과 마음을 다치게 된다.
성장기에 일어나는 일상의 많은 문제들을 정확히 보지 못하고 그 해결방법을 찾지 못하기에 오랫동안 홀로 고통을 받는다.

주변을 정확하게 보지 않는 다는 것은 무엇인가?

당면한 문제에 직면하지 않는 다는 것이다. 어려운 인문고전을 읽으려 마음을 먹었을 때 교사와 아이들은 그동안 갖지 않았던 상황에 직면한다.
창의성과 인문고전을 융합하는 창의독서역량에 탐색단계는 모두가 익숙하지 않은 상황들로 많은 문제와 갈등을 만나게 한다.

아이펀 창의독서교육센터의 독서모임은 청소년들과 교사들이 함께 토론하고 질문하며 수업에 동참한다. 교사모임에서도 같은 현상이 일어난다. 평소에 익숙하지 않았던 글을 읽어야 하고 생각을 끄집어내서 이야기하는 것에 부담을 갖는다. 어려운 인문고전을 읽는 것도 쉽지 않다. 아울러 독서 후에 내용을 정리해 토론까지 해야 하는 과정들은 자신감을 급격히 떨어뜨린다.

그러나 더 중요한 것은 무엇에 직면했는지 조차 모르고 책을 읽는 회원들이 더 많다는 것이다. 자신의 직면이 무엇인지 정확하게 인지하는 것만으로도 문제해결에 큰 도움이 된다.

[창의S이론]에서의 첫 시작은 다양한 직면에서 시작한다.

새로운 모임에 잘 참여하려면 익숙하지 않은 인문고전을 잘 읽어야하고 모임 속에서 자신의 역할을 잘 인지해서 커뮤니케이션의 기능이 떨어지지 않게 해야 한다.

직면의 학습에 익숙하지 않으면 독서역량이 제대로 성장하지 않으며 책에서 접하는 내용자체가 왜곡된 인식으로 이해된다. 잘못된 인식을 기반으로 진행되는 토론은 창의적이지 않으며 참여 학생들과의 집중력도 잃게 된다. 결국 오래지않아 그 모임에 참여하는 것에 대한 거부가 나타나기 시작한다.

일반적인 독서의 직면은 책의 내용을 리딩하며 나타난다. 그러나 창의적인 독서는 책을 읽으면서 생각의 매체를 다양하게 바꾸는 과정 속에서 내가 무엇에 직면했는지를 물으며 나타난다. 생각을 정리하면서 이해하고 스스로 답을 찾는 과정을 경험하는 것이다.

아이펀 창의독서모임의 4단계 리딩과정은 여러 측면에서 자기를 다양하게 볼 수 있는 독서기술들을 보여준다. 4단계 패턴이 계속적으로 매월 반복되기 때문에 내용의 깊이를 사고하는 데 효과적이다.

여러 독서매체를 통해 자신을 바라보는 직면은 자신의 문제를 객관적으로 보개하여 해결의 방법을 정확히 보는 심안을 만들어준다. 상황과 문제를 정확하게 보면 사람들은 그것을 회피하지 않고 해결하려는 행동을 하게 된다. 그런 행동은 이미 그 갈등과 문제를 넘어선 성장이 시작됐다는 것을 의미한다.

내 커뮤니케이션 스타일.....? 무엇에 직면했는지 바라보기

2. Question : 불확실, 의심을 질문하기

범주 - 경청하지 못하는 의사소통, 정보의 원활한 소통장애
속성 - 신뢰하지 못하는 소통의 마음, 정신, 지성
규칙 - 한방향의 정보습득 & 의사소통단절 & 소속이탈

궁금한 것이 있다면 묻는 것은 당연한 인간의 반응이다. 그러나 우리 청소년들은 호기심이 있어도 묻지 않는다. 일상의 여러 발견에도 질문은 하지 않는다.

이것은 여러 가지 이유가 있다. 한가지의 정답만을 찾아 암기해 온 교육환경이 가장 중요한 원인이고 그로인해 청소년들은 질문하는 것도 답변하는 것도 두려움을 갖게 되었다. 두려움의 근원은 정답만을 찾는 지금 교육의 물음 때문이고 어쩌다 교실에서 또래 관계 속에서 잘못 말한 엉뚱한 질문이나 답은 오히려 관계에서 소외를 당하는 빌미를 제공하기에 더욱더 위축된 생각들을 하게 된다.

세상을 바꾼 혁신적인 발견과 발명들은 엉뚱한 질문에서 나올 때가 많다. 큰 혁신이 아니더라도 일상에 작은 일들 속에 호기심과 불명확한 것에 의심을 갖고 물어야하는 것이 다음세대들의 공부가 되어야 한다.

왜 묻는가? 본질을 찾게 해주기 때문이다.

인문고전은 옛 성현들의 생각을 써놓은 글이기에 읽으면서 많은 사고들이 떠오르는 장점을 제공한다. 현대를 살고 있는 청소년들이 성인(聖人)의 생각을 느껴보고 내 생각과 어떻게 다른지 비교해보는 것만으로도 큰 의미와 사고의 성장이 있다.
어떤 불확실성에 우리는 호기심과 의심을 통해 질문을 가져야하고 누군가에게 물어야 한다. 4대 성인(聖人) 중에 한사람인 공자는 학문을 닦으면서 수많은 제자들과의 물음에서 지혜로운 답변을 모아 '논어'라는 책을 썼다. 한 번의 답으로 3가지의 깨우침을 주었다는 문답이 참으로 궁금하다.
서양철학의 아버지인 소크라테스는 고대철학과 현대철학을 나누는 중심인물이다. 그의 유명한 질문법(산파법)의 핵심은 절대 답을 말해주지 않고 상대방에게 물음을 통해 앎을 배우도록 깨우쳐 주는 것이다.

창의독서수업을 하다보면 회원들은 끝없이 질문을 한다. 정답을 바로 알려주기보다 다시 묻는 토론으로 더 많은 아이디어들을 끄집어낼 때 독서수업에 집중하기 시작한다.

우리 일상에는 독서를 통해 생겨난 궁금증에 대해 생각할 시간을 주지 않고 있다. 바로 답을 말해주는 교사가 너무나 많다. 학생은 교사의 말을 잘 듣고 명확하지 않은 것은 물을 수 있는 교육환경을 배려해야한다. 그것이 장기적으로 서로에게 신뢰감을 갖게 해주는 기술임을 알아야 한다.

[아이펀 창의독서교육]은 질문을 해야만 다음순서로 넘어가는 교육단계를 갖고 있다. 서로에게 질문을 하지 않으면 다음단계로 넘어갈 수 없다. 또한 생각하여 답을 찾아내지 못하면 다음 진행이 어려운 미션토론과 질문이 반복되는 구조를 갖고 있다. 회원들은 꼬리에 꼬리를 무는 문답을 즐기며 집중한다. 그러나 토론과 질문을 답답해하여 답을 말해달라고 요청하는 회원들도 있다.
미래의 좋은 교사는 이제 학생들의 질문에 답을 바로 말해주기 보다는 학생들 스스로가 생각하고 답을 찾을 수 있도록 지혜롭게 되묻는 교사일 것이다. 이제는 한쪽 방향으로만 정보를 습득하고 배워 온 우리 교육의 색깔을 바꾸고 변화해야 할 때이다.

[아이펀 창의독서교육]은 다양한 방향으로 정보를 습득하고 생각을 할 수 있는 창의독서법으로 진행한다. 창의적 사고의 유연성을 가져다주며 이미지언어를 활용한 그림독서는 아이들의 독창성과 유창성을 동시에 습득하도록 도와준다.

100명의 아이들 마음속에는 100개의 다른 생각이 있다. 만약 같은 생각을 가진 아이들이 있다면 그것은 참으로 신기한 일이다. 하물며 똑같이 태어난 쌍둥이도 생각이 다른데 말이다. 초등학교 교실 안 풍경은 아이러니하다. 하나같이 똑같은 작품들로 넘쳐난다. 이름만 다를 뿐이다. 똑같은 작품 속에서 신기하게도 자기 작품은 잘 찾는다.

'불확실한 것, 의심에 질문하기' 2단계 독서효과를 정리하며 토론을 통해 생각이 깊어지면 기존에 갖고 있던 경험적 지식에 갈등이 생기기 시작한다. 그동안 알아왔던 지식에 대해 확실한가의 물음을 갖게 되는 것이다. 궁금증을 통한 지적 호기심이 끝없이 생겨나면 그것을 묻지 않고는 견딜 수 없는 자신의 모습을 발견하게 된다.

창의인문독서를 통해 아이들은 호기심을 유발시키고
불확실한 것을 발견하면 묻게 잘 듣게 하라~

3. Discord : 내 감정은 어디로 갈 것인가?

범주 - 문제해결, 문제를 바라보는 자기중심적이며 왜곡된 시각
속성 - 기존의 정보와 지식의 간격, 사실의 인지
규칙 - 창의적인 대안을 제시하지 못하는 관점과 사고, 행동유발

창의독서교육을 시작하면서 기존에 갖고 있던 독서습관을 바꾸고 책속에 있는 어려운 의미들을 하나씩 찾아내면서 새롭게 알게 되는 지식에 집중하기 시작한다. 이전에 확실하게 알고 있는 내 지식과 정보들이 흔들리기 시작하며 스스로 묻기 시작하는 단계에 접어든다.

끊임없는 질문들이 어느 정도 정리가 되면 그때부터 갖고 있던 고정관념과 경계에 서는 사고가 시작된다.

자신이 알고 있던 지식들에 대해 다른 차이를 갖게 되는 순간, 깊이 있는 사고와 함께 독서의 맛을 느끼고 토론에 참여하기 시작한다. 책을 읽어도 보이지 않던 글이 가치와 의미들이 보이기 시작하며 왜곡하지 않는 독서를 통해 글의 본질적 의미를 알기 시작하면서 스스로 깨닫고 정리하는 습관이 길러진다.

어릴적부터 학교에서 배웠고 수많은 독서를 통해 알게 된 지식들이 내 삶에서 어떤 변화를 일으키고 어떤 도움을 주는지? 그 도움을 질문이 이제 어떤 방향성을 갖고 푯대를 세우게 하는 지 정리해야 한다.

첫째, 내 마음의 감정이 어디로 가는가를 살핀다. 지금까지 명령에 익숙했고 지시받은 대로만 해오던 기계식 독서와 교육들이 바뀔 때, 아이들과 교사의 감정은 어디로 가는지 스스로 결정해야 한다.

우리는 이제 독서를 하면서 스키마이론[6]에 의해 책을 읽으며 선험적 경험으로 머리에 지식이 계속 쌓이고 가슴에 지혜가 넘쳐나서 삶의 본질적인 것들을 하나하나 해결하고 성장하는 것들을 경험으로 연결해야한다.

독서를 통해 생각했던 성장과 효과성이 나타나지 않으면 누구나 책 읽는 것에 흥미를 잃고 독서에 대한 집중력이 떨어지기 때문이다.

---

6) 선험지식이 현재의 지식에 영향을 준다는 심리학 이론

한국에 자녀를 둔 부모들은 강압적인 힘으로 자녀들에게 독서를 하게 할 것인가! 스스로 책을 손에 쥐게 할 것인가! 고민해야하고 옳다고 생각되는 것에 기다리는 배짱을 가져야 한다. 기존의 방법을 고수할수록 자녀와의 갈등은 높아지며 어떻게 해결할 것인가에 고민은 깊어진다.

한국부모는 어릴적 아이들에게 많은 책을 읽어준다. 그러나 성장하면서 독서량은 현저히 줄어든다. 독서습관을 제대로 갖지 못한 아이들은 더욱 그렇다. 오늘날 처한 환경(미디어나 인터넷 게임 및 자극적인 영상물)의 유혹 또한 독서습관을 방해하고 있다.

어떻게 하면 자녀들이 책을 스스로 읽게 될까요?

오늘날 자녀를 가진 부모라면 한번쯤 던져본 질문이다. '저희집 애들은 알아서 책을 잘 읽어요' 하는 집은 그렇게 부러울 수가 없다. 그러나 독서를 잘 하는 친구들에게도 한가지 체크는 해야 한다.

책속의 내용에만 집중하는지 아니면 책을 통해 틀(frame)밖에 다양한 사고와 연결하여 생각을 만들어내는지 말이다. 한권의 책을 읽어도 여러 권의 책을 읽는 것과 같은 효과(격물치지7))를 낼 수 있다.

결국 책은 그 작가의 신념체계를 써놓은 작품이기에 작가의 생각은 책으로 알면 된다. 그 이외에 정보는 책을 읽는 자신의 생각이 작가와 어떻게 다른지에 대한 기준을 만들고 연결시키는 과정이 중요한 작업이다. 진정한 독서는 결국 책 내용을 통해 내 자신의 지혜와 진리를 추구하는 세계로 들어서는 통로를 만드는 것이다.

청소년들의 일반적인 독서는 글의 내용을 읽고 암기하거나 주입하는 독서방법으로 특별히 질문이나 호기심을 갖고 차이를 찾으려 하지 않는다. 이는 자신의 생각을 묻거나 표현하는데 자유롭지 못한 결과를 낳는다. 질문을 해야 하는 상황에서 질문을 하지 못하는 언론기자(2010년 G20에서 수고한 주최국 한국을 배려하여 한국기자들에게 질문권을 준 오바마 대통령에게 질문을 하지 못한 상황, 결국 중국기자에게 양보)의 모습을 본다.

책을 읽는 것은 누군가와 논쟁에서 이기기 위함이 아니다. 교사와 제자 부모와 자녀가 깊은 대화 속에서 글이 주는 지식의 참 의미와 본질을 알고 궁금증을 풀어나가는 지행합일(知行合一)이 "독서의 목적"이 되어야 한다.

아이펀 창의독서교육에는 색다른 생각을 가진 아이들의 고민상담이 많다. 초등 4학년이 4서3경을 읽고 틈만 나면 전집 역사책과 고전을 읽는다고 부모는 자랑을 한다. 그러나 결국 맞벌이 부부의 절대적인 보살핌 시간이 부족하여 대화 없이 읽기만한 아이의 독서는 일상의 왜곡된 행동을 뒷받침해주는 지식이 되고 만다.

이렇듯 아이들의 독서는 책속의 이야기와 일상에 균형을 맞추고 바른 생각에 공감을 해주는 과정이 필요하다. 그런 일상을 부모가 일일이 만들어준다는 것이 쉽지 않다.

그런 측면에서도 창의인문독서는 참여자들의 일상을 정리하고 내가 어디로 갈 것인가에 대한 의지와 감정과 사고를 현실의 이미지언어로 경험함으로써 글과 마음을 연결하는 경험을 갖게 해준다.

---

7) 사물에 대하여 깊이 연구하여(격물) 지식을 넓히는 것(치지).

4. Confidence : 왜곡되지 않게 가슴으로 보라!

범주 - 리더십, 책속의 글, 조직의 동료, 학교의 친구, 일상의 상황
속성 - 소모임을 이끄는 긍정(공감)의 소통점
규칙 - 자신의 활동성을 극대화시키는 출발점

직면의 첫 단계에서 시작하여 의심과 갈등을 지나면 이제 서서히 창의독서는 지식과 지혜가 자신의 것으로 다가오는 믿음단계에 도달한다.

사람들은 주변 사물을 인지할 때, 시각에 크게 의존한다. 이것은 눈으로 보는 것이 인간이 할 수 있는 가장 편하고 익숙한 방법이기 때문이다. 그러나 얼마나 많은 시각에 판단실수가 있는가!

눈으로 보여서 믿는 것들도 있지만 마음으로 믿어져서 보이는 것들이 있기에 오해와 실수들이 생긴다. 눈으로 보이지 않는 비규칙언어(용기, 사랑, 학, 효, 믿음 등)들은 주로 일상의 본질을 묻기에 이해하기 어려운 것들이 대부분이다.

책을 통해 작가가 전달하려고 하는 신념체계들은 대부분 삶의 깊은 생각을 통해 정리된 본질들을 묻기에 더 어렵다. 특히 인문고전은 더 그렇다고 볼 수 있다.

사물을 인지하는 데 사람의 눈이 가장 편한 이유를 준다면 우리는 눈으로 보는 관점과 사물들에 대해 왜곡됨이 없이 본질을 보는 훈련을 해야 한다.

지식의 확신은 어디에서 오는가?

일상의 놀라운 결정과 행동들을 보여주는 세계토픽 뉴스를 보면 주인공이 행(行)한 일들은 우리를 놀라게 한다. 예상을 뒤엎는 그들의 판단과 결정은 어떤 확신이 있었기에 가능했을까?

인간은 고작 주어진 일상의 형태와 틀 속에서 최적화된 기능을 만들어 내는 것에 최선을 다하며 산다. 그러나 가끔 이 형태를 놀랍게 변화시켜 혁신을 주도하는 사람들이 있다. 탁월한 리더십을 보여주는 정치가 혹은 예술적인 아티스트나 혁신적인 기업가, 사고로 장애를 입은 사람 등이 그들이다.

이런 사람들의 확신은 자신의 내면에서부터 시작된다. 중용8)의 '예기편 23편'에는 인간의 본성을 잘 표현한 문장이 있다. 작은 시작의 실천이 반복되면 몸에서 베어 나오고 이

향기가 주변의 사람들을 알게 해서 주변 사람들의 생각을 변화시킨다고 했다.

그래서 확신은 인간의 깊은 본성에서 출발한다. 관계 속에서 순수한 마음으로 타인에게 보내는 사랑과 신뢰로 다져진다. 결국 자기 자신을 사랑하고 신뢰하는 것이 "확신"의 첫 시작이라 하겠다.

본성에 대한 이해를 기반으로 하게 되는 독서는 많은 지식과 지혜의 확신을 준다. 자신을 신뢰하고 사랑하게 되었다면 타인과 세상을 위해 본성을 흘려보내는 것이 중요하다.

이는 친구들과의 사사로운 이익이나 의무감에서 해야 하는 일들로는 배울 수 없다. 생존을 위한 일들보다는 생명을 위한 가치를 추구할 때, 단단해지며 세상과 타인을 이롭게 하는 신념의 확신은 더욱 빛을 발한다.

첫째, 자신을 사랑하기
둘째, 자신을 신뢰하기
셋째, 자기생각에 자신감 갖기
넷째, 관계 속에서 가치 있는 것 찾기

창의인문독서를 통해 네 가지 경험이 쌓이면 사람들은 삶과 죽음에서 어려운 상황이 오더라도 행복이라는 의미를 포기하지 않는다. 그러나 사람들은 살면서 중요한 삶과 죽음을 깊게 생각하지 않는 경향이 있다.

삶과 죽음이 눈앞에 다가 왔을 때 극단적인 행동을 보이는 이유이다. 18년 동안 예일 대학에서 <죽음>에 대한 강연을 하고 있는 '셸리케이건'의 말을 인용해본다.

<막연한 두려움보다는 죽음에 직면해서 두려움을 준비하고 바라보면 행복한 고민이 시작된다>

독서를 통해 일상의 중요한 단어들을 하나하나 정리한 교사들은
그렇지 않은 교사와 어떤 차이를 보일까?

사물의 본질을 알지 못하고 지식을 가르치는 교사는 백과사전처럼 감동이 없는 내용들을 쌓아가는 교육의 열매를 맺을 것이고 본질을 알고 가르치는 교사는 제자들과의 관계 속에서 사랑과 신뢰로 확신을 만들어가는 교육열매를 맺게 될 것이다.

---

8) 공자의 손자인 자사의 저작이며 사서(四書)의 하나이며 동양철학의 중요한 개념을 담고 있다.

5. Target : 무엇을 얻고자 하는가?

범주 - 방향성, 다양한 분야의 관점, 호기심 상승
속성 - 목표의 명확성, 결과물
규칙 - 목표에 대한 시간의 밀도상승, 생각과 행동으로 실행하는 경험

독서를 통해 사람들은 무엇을 얻고자 하는가?
이를 위해 우리는 어떤 책을 선택하여 읽어야 하는가?

위에 두 가지 질문은 자녀들을 독서를 위해 준비하는 학부모에게 많이 듣는 질문이다. 1년에 수많은 작가들에 의해 10만부 이상의 신간들이 쏟아져 나온다. 이름한번 들어본 적 없는 작가들의 책도 있고 이름만 들어도 아는 작가들의 책도 있다. 그러나 나에게 필요한 책은 유명한 베스트셀러의 책만은 아니다.
이어령 교수는 <좋은 책을 고르는 방법에 대해 여자 친구를 만나는 것처럼 우연히 설레는 마음으로 만나는 책이 가장 좋은 책>이라고 말한다.

그러나 현실에서는 어떤가!
이미 학년별로 읽어야하는 권장도서가 정해져 있고 그에 맞춰 독서를 한다.

하루에 1권씩 책을 읽는다 하여도 1년에 365권밖에 되지 않는다. 이것도 쉬운 일은 아니다. 무리해서 1년에 1천권을 읽는다 하여도 한 해에 신간이 10만권이라면 1%밖에 되지 않는다. 과연 우리는 어떻게 책을 선택하고 읽어야할까? 고민이 깊어진다.

독서를 통해 사람들은 무엇을 얻고자 하는가?
대형서점에 사람이 많이 몰리는 곳은 처세술이나 경영학 코너이다. 청소년들은 당연히 국어, 영어, 수학 교재와 언어(영어)영역으로 몰린다. 다행이 초등학생들은 아직도 만화책 코너에 대한 미련을 갖고 서성거린다.

창의인문독서는 마음으로 성취하고 싶은 것이 있을 때 그것을 위해 간절히 기도하고 성취하게 도와주는 상상을 하게한다. 그것이 현실로 나타난다고 믿게 한다. 마음속으로 간절히 바란다는 것은 감정의 느낌이다. 그러나 현실에서의 성취는 감정을 배재한 결과로 평가된다.

우리는 삶을 살면서 어떤 성취를 꿈꾸는가?
그 성취는 어디에서 찾아야하는가?
무엇이 그 성취를 가능하게 하는가?

아이펀 창의독서방법은 커뮤니케이션의 익숙함을 변화시킨다. 원하는 것을 얻게 하는 소통의 수위를 조절하고 간격을 조정해준다. 책속에 글이 의미하는 것들을 다양한 생각으로 끄집어내는 훈련을 시켜준다. 관계성에서 원하는 것을 얻는 가장 좋은 방법은 상대방의 감정을 흔드는 것이다. 감정을 흔들기 위해서 할 수 있는 일들은 무엇인가?

첫째, 주변 또래친구들의 의견에 공감해주기
둘째, 청소년들의 사고와 감정과 의지를 인정해주기
셋째, 청소년에게 창의적인 자율성을 부여하기

청소년들에게 개인적인 독서코칭을 하다보면 아이들은 점차 표현이 많아지고 섬세해진다. 교사는 아이들의 섬세함에 배려하고 공감해줘야 한다. 아이들의 사고와 감정, 행동을 인정하면 스스로 없던 표현의 사고들이 창조되기 시작한다. 이것은 교사나 부모가 인위적으로 만들어줄 수 없는 독서방법이나 진로의 씨앗이 된다.

장태규 독서코치는 책속에서 무엇을 찾으려하지 않는다. 아이들이 원하는 것도 사실은 책안에 있지 않을 수 있다. 그들의 일상은 책 밖에 있다는 생각을 인정하고 책속에서 지혜를 찾는 것에 도와주는 일이 결국 부모와 교사의 일이라 생각된다.

책을 읽기 전에
책 제목과 목차를 보고
책을 통해 얻고 싶은 정보를
마음속으로 그려보고 상상해본다.

6. Sophist : 나눔에 동참하는 창의적 실행

범주 - 스토리텔링 & 유머감각
속성 - 창의적이며 독창적 사고와 관계의 집중력이 상승
규칙 - 논리적인 사고를 조화롭게 통제하는 추상적 사고 추구

　글속에서 그 가치의 핵심을 잘 찾아 표현하고 타인에게 설득하는 것이 자유로워지면 사람들은 일상의 대화 속에서 지혜를 얻기 시작한다. 타인의 이야기를 듣는 것이 자신의 지혜가 되며 자신의 스토리텔링을 만들어내는 원천이 된다.

　예나 지금이나 여전히 사람들은 재미있는 것에 집중하고 관심을 갖는다. 힘든 상황에서도 웃음과 위트 있는 한마디는 분위기를 전환시켜 준다. 요즘 청소년들은 대부분 미디어와 영상에 노출되어 있다. 수많은 정보들 속에서 재미를 최우선으로 선별하는 환경은 커져만 간다.

첫째, 사람들은 즐거움을 어디에서 느끼는가?
둘째, 무엇 때문에 특별한 상황에서 집중하게 되는가?
셋째, 지적호기심은 왜 갖게 되는가?

　소크라테스, 공자, 예수, 석가 4대 성현들은 늘 물었다. 지혜를 얻기 위해 치열하게 물어야함을 몸소 보여주었다.　질문의 기술(Art of Question)로 물어서 제자들에게 지혜를 얻게 하고 깨닫게 하는 가르침을 최고의 교육이라 말했다. 창의S이론의 8개 역량 중에 지혜단계는 상대의 상황에 맞는 질문을 통해 소통방법을 배워가는 단계이다.

　우리의 지적호기심은 내게서 찾는 것 보다 타인에게서 찾는 것이 곧 지혜이다. 상대를 통해 채워가는 지적 호기심은 아리스토텔레스도 추구한 인간 삶의 최고 즐거움이다.

7. Harmony : 통합적인 나눔을 실행하라

범주 - 다양한 관심, 일상의 관심을 통합시키는 관점과 사고의 실행
속성 - 다양한 사고들의 조합, 효과성 이해
규칙 - 하나의 아이디어, 문제, 갈등에 대해 다양한 해결점을 갖는 사고, 행동

저소득가정의 아이들은 교육기회가 일반가정의 아이들보다 현저히 떨어진다. 특히 전문성과 지속성에서 차이가 난다고 본다. 아무리 좋은 교육도 단회성의 자극은 교육 효과를 내기에 한계가 있다. 또한 전문가가 참여한 수준 높은 교육은 경제적인 부담이 따른다. 빈곤의 대물림을 끊어낼 수 있는 아이들의 성장은 지금의 방법으로는 찾기 어려울 수도 있다. 시간의 밀도를 갖고 지금까지와는 다른 교육이 지원되어야 비로소 <공정한 출발선fair start>을 만들고 빈곤을 이겨낼 성장동력이 생성된다.

책을 읽는 순간 일상에서 무엇과 연결해야 할지 염두하고 읽어야 사고가 열리고 집중력이 생긴다. 일상과 연결하지 못하는 독서는 통합적 사고를 갖지 못하며 병렬적 사고의 테두리에 갇히게 된다. 이것은 사고의 관점을 틀 안에 가두는 것과 같다.

아이펀 창의독서교육 <손자병법 독서활동 32주 교육>을 종료하면 취약계층의 아동들에게 지식과 지혜를 나누는 재능기부 교사활동을 하게 된다. 이는 평소에 진행하는 독서모임에 정확한 목표를 주고 독서코칭과정이 현장에서 어떻게 적용되는지에 대한 구체적인 경험도 배우게 된다. 그래야 책속에 글이 빠르게 이해되고 재미를 찾는다.

빈민가 아이들은 일반아이들보다 난독증(dyslexia), 학습장애, 주의력결핍 행동장애(ADHD)가 높다는 보고가 있다. 쉽게 독서에 집중하지 못하고 모임에서 자기방어를 하는 행동을 보인다. 그래서 일반 아이들과의 통합수업은 초기단계에 세심한 배려를 해야 한다.

책 읽는 습관도 없고 독서에 관심도 없다. 독서수업에 집중도 하지 않기 때문에 평범한 독서방법으로는 책을 읽게 하는 것은 어려운 일이다. 인문고전은 말할 필요도 없을 듯하다. 이런 어려움들은 종종 교사가 아이들보다 먼저 독서지도를 포기하도록 만드는 이유가 되기도 한다.

한국은 동일한 직업과 성향을 가진 사람들끼리 모임을 자주 갖는다. 의사나 변호사에서 자전거를 타는 동호회 모임까지 다양하다. 그러나 자전거모임에 들어가려해도 일반인들은 마니아(mania)들이 자전거에 대해 나누는 말을 잘 알아듣지 못한다.

의사나 변호사모임은 어떤가? 가끔 인문독서를 하는 회원들이 일상에서 만난 사람들과의 대화에서 인문고전(손자병법, 공자, 노자 등)을 말한다면 어떤 상황이 벌어지겠는가? 그렇다고 내 이야기를 이해 못하는 주변 지인들을 무시할 텐가? 지혜가 깊어질수록 자기중심성에서 벗어나 타인의 수준을 배려하는 대화기술이 필요하다.

같은 무리 속에 같은 생각을 가진 사람들이 모여 있는 조직에서는 문제가 발생하였을 때에 다양한 해결점을 찾아 사고하는 데 어려움을 갖는다. 학생들은 학교에서 자기와 성격이 맞는 친구들을 사귀고 무리를 짓는다. 끼리끼리 모인다는 말이 여기서 나온 것이다. 직장에서도 MBTI 성격검사를 해보면 16가지의 유형중에 6개의 성향을 넘지 못한다. 직장 내에서 아이디어 회의를 하면 다양한 아이디어를 내기 어려운 이유는 여기에 있다.

다양한 사고의 유형들이 모여 갈등과 문제를 바라보며 융합하고 해결해야하는데 우리는 대하기 편안하고 생각이 같은 유형의 사람들로 모인 환경에 노출되어 있다.

수학을 수학에만 쓰고 활용하는 일, 과학이론을 과학에만 쓸 줄 아는 학생들, 그것이 정답이고 그렇게 배워왔다. 그러나 우리 삶에 조화를 이루는 원리는 수학 혹은 과학속에 담겨져 있다. 수학의 원리는 일상에 편리함과 연결되어 있고 이것은 책을 읽으며 생각을 떠올려야하는 인문독서를 이해하는데 큰 도움을 준다. 다양한 학문의 배움을 일상과 잘 소통하고 활용할 줄 알아야 자기성장에도 도움이 된다.

어린 시기에 자기중심성에서 벗어난 생각을 한다는 것은 쉬운 일이 아니다. 이는 아동이나 청소년 시기에는 자기주장을 잘하는 또래가 더 매력적으로 보이기 때문이다. 이 시기에 독서를 통해 타인을 배려하는 균형과 융합을 배우지 않으면 오랫동안 경청 훈련을 해야하는 고통이 따른다. 어쩌면 성인이 되어도 습득을 못할 수 있다.

*창의인문독서는 자기중심성을 가진 아이들의 배려심을 향상시킨다.
*창의인문독서는 조화로운 사고와 감정과 의지로 통찰력을 경험한다.
*창의인문독서는 소통이 어렵던 또래들의 마음을 열어 소통의 인재로 만든다.
*창의인문독서는 학습장애를 가진 아이들의 다른 강점을 찾아 성장시킨다.
*창의인문독서는 어떤 일에도 희망을 찾고 역할에 가치를 발견하게 해준다.
*창의인문독서는 수학과 과학과 독서를 일상으로 융합하는 사고를 만들어 준다.

8. Understand : 아이들의 수준으로 소통하기

범주 - 겸손한 수준으로 지혜와 지식을 흘려보내는 유연한 사고
속성 - 왜곡됨이 없는 창의적 관점의 사고
규칙 - 일상의 모든 관계성에 수위를 조절하고 효과성 집중

손자가 말하기를 전쟁터에 적보다 먼저 도착하여 점거(占據)하고 적군을 기다리는 군대는 편하게 싸울 수 있는 위치를 가질 수 있고 적군보다 늦게 도착한 군대는 갑자기 싸움에 임해야 하므로 피동적인 위치에 있게 된다. 그러므로 전쟁을 잘 하는 장수는 적을 움직이게 하되 결코 적에게 끌려가지 않는다.

[손자병법 허실편]

창의인문독서의 마지막 단계는 소통단계이다. 사람은 누구나 자신의 관심분야에서 오랫동안 노력하면 전문가가 된다. 달인이 되는 것이다. 자신의 지식과 지혜를 과시하고 싶어 하기도 하고 쉬운 말을 어렵게 하기도 한다. 특히 전문분야의 모임이나 강연에 가면 일반인은 거의 알아듣지 못하는 전문용어들로 이야기 한다.

새롭게 만나는 사람이나 장소에서 우리는 어떻게 소통해야하는가를 고민해야한다. 상대방의 감정과 말의 뜻을 이해하지 못하면 소통의 균형을 찾기란 쉽지 않다. 그래서 평소에 관련분야의 지식과 지혜의 소통을 어떻게 조절할 것인가를 정리해야한다. 누구나 알아들 수 있는 말로 소통하는 것이 중요하겠다. 자기만의 높은 수준으로 소통한다면 주변에 남는 사람은 점점 줄어들게 될 것이다.

소통단계에서의 핵심은 첫째, 상대방 이해하기이다. 상대의 상황을 이해하고 맞게 소통하는 것이 가장 중요하다. 둘째는 경청이다. 잘 이해하려면 잘 들어야한다. 잘 듣지 않고 상대와 소통하기란 쉽지 않다. 말을 잘하는 사람은 결국 상대의 말을 잘 듣고 그 특별한 상황을 파악하여 위트 있게 말하는 사람이다. 셋째, 집중이 필요하다. 소통 중에 집중력을 잃으면 상대는 금방 알아차린다. 그런 의미에서 창의인문독서교육은 위에 제시한 핵심 3가지를 향상시켜 줄 것이다. 유연한 소통 속에서 집중력을 잃지 않는 일상의 대화들이 많아지기를 기대한다.

아이펀 창의독서 교육방법

- 1팀에 10명 내외로 구성하면 제일 좋다. [초등, 중등, 고등, 대학, 교사 등]
- 손자병법은 13부로 구성되어 있다. 학생 1명이 4주간 1~2부씩 리딩한다.
- 1개월 후 1장~2장을 읽은 학생은 3장~4장을 읽으며 전체적으로 2장씩 밀려난다.
- 12~13장을 읽은 학생은 다시 1장~2장으로 돌아오면 된다.
- 손자병법의 8가지 핵심역량을 4단계 독서교육 패턴으로 읽으며 8번 반복한다.

창의인문독서 단계별 목표

1단계 : 주제독서코칭

- 핵심주제어와 관련된 손자병법의 문장을 찾아 읽고 쓰고 외울 수 있다.
- 주제어가 어떤 의미를 갖고 있는 지 설명할 수 있다.

2단계 : 융합독서코칭

- 이솝우화를 읽고 이야기에서 주는 교훈이 말할 수 있다.
- 1단계의 주제와 융합하여 토론할 수 있다.

3단계 : 창의이미지 독서코칭

-문장에서 핵심단어를 선택한다.
-선택한 핵심단어와 관련된 3개의 이미지언어를 만든다.
-이미지언어를 활용하여 하나의 문장을 만든다.

4단계 : 소통독서코칭

- 이달의 손자병법 주제에 대해 정리한다.
- 이솝우화의 이야기에서 주는 교훈을 정리한다.
- 두 개의 주제를 융합하여 6하 원칙으로 자신의 글을 쓸 수 있다.
- 자신의 글에 제목을 붙인다.

아이펀 손자병법 독서교육단계

①단계	지식형성 단계	시계편	1~4주차
②단계	창의기본 단계	작전,모공편	5~8주차
③단계		군형,병세편	9~12주차
④단계		허실편	13~16주차
⑤단계		군쟁,구변편	17~20주차
⑥단계		행군편	21~24주차
⑦단계		지형,구지편	25~28주차
⑧단계	창의심화 단계	화공,용간편	29~32주차

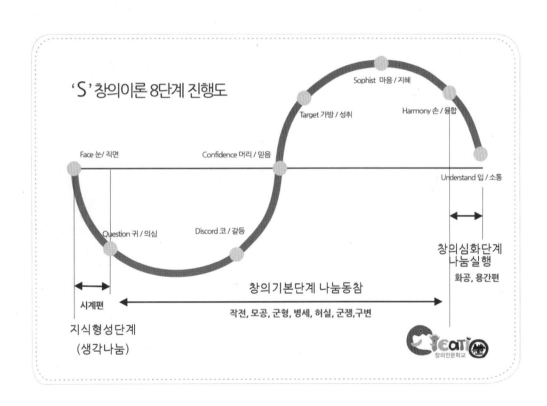

아이펀 창의인문독서교실 (신림동 공부방)
창의로 인문고전을 배워가는 40번의 만남

1차 : 만남, 언덕을 오르다.

2차 : 손자병법과 인연맺기.

3차 : 너희의 꿈은 무엇이니?

4차 : 검은 것은 글씨요 흰색은 책이라.

5차 : 인문고전 교재를 선택하라.

6차 : 세상속에 손자병법이 갇히다.

7차 : 책상에 앉지 않는 아이들

8차 : 독서교사들의 고민이 시작되다. [미출석,가정방문]

9차 : 손무의 연대기를 만들어보자.

10차 : 손무의 시(始)계(計)를 직선으로 익히자.

11차 : 아이들과 놀러간 놀이터 작전편 손무님

12차 : 인문독서 교사들의 성장 [독서지도사 초청특강]

13차 : 춘추전국시대와 우리집의 공통점 찾기.

14차 : 손자병법으로 부모와 협상하라! [학부모간담회]

15차 : 흙속에서 찾은 손무의 말씀 [화분]

16차 : 군형편 일상과 소통하다. (협상 카드만들기)

17차 : 어린이대공원으로 나간 아이들[야외 수업]

18차 : 달동네 언덕 옥탑교실에서 꿈꾸는 손자병법

19차 : 눈을 맞추고 인사하는 아이들

20차 : 손자병법, 퀴즈아카데미를 열다.

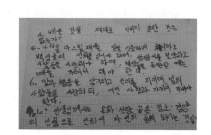

아이펀 창의인문독서교실 (신림동 공부방)
창의로 인문고전을 배워가는 40번의 만남

21차 : 그림자로 실체를 보고 그리는 관점, 허실편

22차 : 손무의 가르침을 위한 교사 워크샵

23차 : 세상의 균형을 배우며 **손무**가 되어간다. [모빌]

24차 : 손무는 어떤 아이였을까?

25차 : 인문독서 교사들의 성장 [독서지도사 특강]

26차 : 가족의 뒷이야기로 시작하는 수신

27차 : 빛을 통해 다름을 배우고 군쟁편를 이해한다.

28차 : 손자와 랩으로 대화하다.

29차 : 일상의 행군을 실천하자.

30차 : 상형글자를 활용하여 그림그리기.

31차 : 움직임을 통해 지형편을 해석하는 법

32차 : 상형문자, 기호를 만들어 나라사랑 표현하기

33차 : 사운드를 듣고 단어의 느낌을 표현하자

34차 : 친구들을 배려하는 방법? [상황역할극]

35차 : 아이들이 말하는 손자병법, 전쟁 시나리오 짜기

36차 : 잡지의 이미지를 활용해 생각을 재구성하기. 용간편

37차 : 시나리오를 말하다. [녹음, 성우 연기연습]

38차 : 캐릭터 대사, 움직임 - 병법주제 연결시키기

39차 : 손선생과 아이들 [단막 인형극]

40차 : 손자와 내가 만나 만든 나의 꿈

아이펀 창의독서교육

손*자*병*법

창의이미지언어로
손자의 병법을 이해하라!

⠿ 손*자*병*법 창의독서교육

목 차

시계편 (始計篇)

전쟁이란 무엇인가?
전쟁과 계책은 매우 중요하므로 전쟁은 국가의 중대한 일로
묘산이 많아야 묘산이 적은 적을 이길 수 있다.

<시계편 - 차선이란 없다!>

손자병법의 첫머리로 매우 중요한 요지를 명료하게 제시한다. 이 편의 핵심적인 내용은 두 가지로 첫째, 전쟁과 계책은 매우 중요하므로 전쟁은 국가의 중대한 일로 묘산이 많아야 묘산이 적은 적을 이길 수 있다는 명언을 제시했다.

둘째, 전쟁에서 승리하기 위해서는 다섯가지 필요조건을 갖추어야 한다고 제시하였다.
그리고 실전에서도 십이궤도를 지휘 원칙으로 삼아야 한다고 제시하였다.

전쟁은 함부로 할 수는 없다. 그것은 국가의 존망과 국민의 사생을 판가름하는 중대함이 있기 때문이다. 다시 이 기본 요건의 어느 쪽이 우수한가를 분석하고 검토하기 위한 일곱가지의 항목의 비교기준을 설정하였다.

어쩌면 손자는 1장인 시계편을 가장 중요하게 다루고 있는지 모르겠다. 2장부터는 시계편에서 짜낸 전략을 하나하나 풀어내는 전략방법들을 설명하고 있으니 말이다. 전쟁이 시작되기 이전에 먼저 갖추어야 할 기본대책을 손자는 시계(始計)라 하였다.

손자병법을 시작하기 전에 우리도 어떤 전략을 갖고 이 책을 읽을 것인가?
어떤 목적을 갖고 병법을 일상과 연결시킬 것인가 계책을 짜야 하지 않을까?

시계편-직면

[손자병법 주제 문장]

[일상에 적용하기]

수업을 통해 느낀 것

손자(孫子)왈 병자(兵者), 국지대사(國之大事)
존망지도(存亡之道) 불가불찰야((不可不察也)

전쟁이란 백성들의 목숨과 나라의 존망이 걸려있는 매우 중요한
일이므로 여러 가지를 철저히 따지지 않으면 안 될 것이다.

장자(壯者), 智信仁勇嚴也(지신인용엄야)
法者(법자), 曲制官道主用也(곡제관도주용야)

장군의 능력은 지혜로움, 신뢰, 백성을 사랑하는 마음, 용기,
엄격함이다. 법제란 조직체계이다. 곡제는 의사소통을 위한 신호체계를
의미한다. 관은 관리자이며 도는 병참 보급로,
주용은 주력부대의 운용에 필요한 제반비용을 말한다.

일상에서 실천할 일

[선생님과 함께 해요]

1단계 : 소리 내어 읽어보고, 필사하고, 외워본다.
2단계 : 손자병법 주제문장에 대해 내 생각을 이야기할 수 있다.

1)손자병법의 각 장에서 주제어/문장을 찾아봅니다.
2)찾은 문장을 돌아가며 소리 내어 읽어봅니다.
3)선택한 주제문장을 필사해봅니다.
4)필사한 문장을 외워봅니다.
5)토론내용의 결론을 한 문장으로 적어봅니다.
6)진행교사는 되도록 말을 줄이며 참여 학생 및 독서회원들의
  의견을 듣도록 합니다. (리더/학생 언급 : 1대3의 비율)
7)충고하거나 지적하는 일이 없도록 합니다.
8)충분한 토론이 끝나면 일상에 적용하기 3단계 내용을 간단한
  단어나 문장으로 적고 수업을 정리합니다.

내 꿈과 연결시키기!

Teacher Tip
-주제문장은 제시를 해주어도 좋고 아이들이 찾아와도 좋습니다.
-문장을 찾아오지 않은 학생들을 위해 교사는 각 장과 관련된
 문장을 미리 뽑아서 준비하면 좋습니다.

iFUN
아이펀 창의교육센터

시계 & 이솝우화

[이솝우화 주제 문장]

#01 좋은 것들과 나쁜 것들

좋은 것들은 허약한지라 나쁜 것들에 쫓겨 하늘로 올라갔다.
그러자 좋은 것들이 어떻게 해야 사람들에게 갈 수 있겠는지
제우스에게 물었다.
제우스가 좋은 것들에게 이르기를,
사람에게 다가가되 한꺼번에 몰려가지 말고 하나씩 가라고 했다.

그리하여 나쁜 것들은 가까이 사는 까닭에
늘 사람들을 공격하지만
좋은 것들은 하늘에서 하나씩 내려와야 하기 때문에
드문드문 사람들을 찾아가는 것이다.

[선생님과 함께 해요!]

융합독서코칭 목표

1단계 : 우화가 주는 교훈을 이야기할 수 있다.
2단계 : 우화와 손자병법주제의 융합문장을 만들 수 있다.

1)이솝우화를 함께 읽어봅니다.
2)어떤 교훈을 주는 내용인지 이야기합니다.
3)우화의 본질단어에 대해 이야기합니다.
4)우화교훈과 손자병법 주제문장과의 관계를 이야기합니다.
5)토론이 정리되면 오른쪽 3단계의 내용을 단어나 문장으로
   적고 이야기해 봅니다.

Teacher Tip

-다양한 아이들의 생각을 인정 및 지지합니다.
-우화의 인물중심으로 관계성을 묻습니다.
-우화에서 찾아낸 본질단어를 깊게 토론합니다.
-손자병법의 주제문장과 융합하여 생각해보는 것이 중요합니다.

[일상에 적용하기]

수업을 통해 느낀 것

일상에서 실천할 일

내 꿈과 연결시키기!

iFUN
아이·편 창의교육센터

시계 - 직면

창의이미지코칭

[오늘의 중심단어]

①작품명 :

②작품명 :

③작품명 :

①작품설명

②작품설명

③작품설명

시계 – 직면

[일상과 소통하기]

수업을 통해 느낀 것

일상에서 실천할 일

내 꿈과 연결시키기!

[선생님과 함께~]

1단계 : 중심단어와 관련된 3장의 그림을 그립니다.

2단계 : 창의이미지 작품명을 붙여봅니다.

1)손자병법의 내용 중에 중심단어를 정해봅니다.

2)곡선이나 직선을 활용하여 중심단어를 꾸며봅니다.

3)색칠을 할 수도 있습니다.

4)3개의 작품에 이름과 간단한 설명을 붙여봅니다.

5)그림을 완성한 후 작품을 돌아가며 설명해봅니다.

6)우측에 3단계 자기적용을 작성해봅니다.

Teacher Tip

-자유롭게 중심단어에 연상되는 그림을 그리게 합니다.

iFUN
아이❤펀 창의교육센터

시계편-직면 컬럼쓰기

[재미있는 글짓기-컬럼쓰기]

손자병법 주제문장의 핵심단어 찾아주기

1)

2)

3)

4)

이솝우화의 주요핵심단어 체크해주기

1)

2)

3)

4)

* 이미지맵으로 그려주어도 좋습니다.
* 핵심단어를 활용한 6하 원칙 글쓰기^^

[선생님과 함께 해요!]

소통독서코칭 목표

1단계 : 손자병법과 우화로 6하 원칙의 내 글을 쓸 수 있다.

2단계 : 글을 쓰고 난 후 글의 제목을 만들 수 있다.

1)글쓰기가 익숙하지 않은 학생에게는 생각을 끄집어내주는 자극을
   주어야 합니다.

2)손자병법에서 뽑은 문장을 체크해서 다시한번 읽어봅니다.

3)이솝우화에서 생각한 핵심단어를 체크해봅니다.

4)이솝우화에 등장하는 등장인물이 누구인지 묻습니다.

5)손자병법 주제와 우화의 관계성에 대해 이야기해봅니다.

6)작성한 자신의 칼럼(글짓기)를 돌아가면서 읽어봅니다.

7)친구들이 발표하는 내용을 잘 듣도록 유도합니다.
   [친구의 글 내용을 물어볼 수도 있습니다.]

8)글의 제목을 정하고 그 이유를 이야기합니다.

[일상과 소통하기]

수업을 통해 느낀 것

일상에서 실천할 일

내 꿈과 연결시키기!

시계편-직면

작전＊모공편

작전＊모공편

<작전편 - 전쟁, 오래끌면 이겨도 헛장사, 준비하고 싸워라!>

작전(作戰)이란, 전쟁의 발동(發動)을 의미한다. 즉 전쟁을 일으켜 결행하는 것을 말한다.
이 편은 전쟁을 하는 과정에서 기본 전략으로 '속전속결'을 논하였다.
전쟁을 빈틈없는 전략으로 오래 끄는 것 보다 약간 졸렬해도 빠른 것이 가장 좋고
군수물자나 군량미는 적의 것을 빼앗아 현지에서 조달한다는 원칙을 제시하였다.

<모공편-승리(勝利), 싸우지 않고 이기는 승리>
　모공(謀攻)이란, 모계(謀計)로써 적을 굴복시킨다는 뜻이다.
이편은 전쟁에서 승리를 거둔다는 사상이 깔려있다. 어떻게 하면 가장 완벽한 승리를 거둘 수 있을까
를 연구하는 병법가라면 생각해 볼만한 문제이다.
　적의 군대를 살상시키지 않고 승리를 거두는 전략이 최상의 전략이며 이를 실현하기 위해서는 적군
과 아군의 장＊단점을 얼마나 정확하게 인식하고 파악하느냐에 그 바탕을 두고 있다. 이 두 가지가 확
실하다면 승리는 머지않아 다가올 것이다.
　결론은 싸우지 않고 적국을 굴복시키는 것이 최상의 방법임을 강조한다. 그것이 모공이다.

작전＊모공편 – 의심

[손자병법 주제 문장]

**故兵貴勝(고병귀승), 不貴久(부귀구). 故知兵之將(고지병지장),
民之司命(민지사명), 國家安危之主也(국가안위지주야)**

전쟁은 빠른 승리가 귀중하고, 오래 끌면 좋지 않다. 요컨대 군대의 운용을 잘 아는 장군은 백성의 생명을 책임지고, 국가의 안위에 주도자가 된다.

**故曰(고왈) : 知彼知己(지피지기), 百戰不殆(백전부태),
不知彼而知己(부지피이지기), 一勝一負(일승일부),
不知彼不知己(부지피부지기), 每戰必殆(매전필태)**

고로 적을 알고 나를 알면 백번 싸워도 위태롭지 않다. 적의 상황을 모르고 나의 상황만 알고 있다면 한번은 승리하고 한번은 패배한다. 적의 상황을 모르고 나의 상황도 모르면 매번 전쟁을 할 때 마다 필히 위태로워진다.

[선생님과 함께 해요]

1단계 : 소리 내어 읽어보고, 필사하고, 외워본다.
2단계 : 손자병법 주제문장에 대해 내 생각을 이야기할 수 있다.

1)손자병법의 각 장에서 주제어/문장을 찾아봅니다.
2)찾은 문장을 돌아가며 소리 내어 읽어봅니다.
3)선택한 주제문장을 필사해봅니다.
4)필사한 문장을 외워봅니다.
5)토론내용의 결론을 한 문장으로 적어봅니다.
6)진행교사는 되도록 말을 줄이며 참여 학생 및 독서회원들의
   의견을 듣도록 합니다. (리더/학생 언급 : 1대3의 비율)
7)충고하거나 지적하는 일이 없도록 합니다.
8)충분한 토론이 끝나면 일상에 적용하기 3단계 내용을 간단한
   단어나 문장으로 적고 수업을 정리합니다.

Teacher Tip
-주제문장은 제시를 해주어도 좋고 아이들이 찾아와도 좋습니다.
-문장을 찾아오지 않은 학생들을 위해 교사는 각 장과 관련된
 문장을 미리 뽑아서 준비하면 좋습니다.

[일상에 적용하기]

수업을 통해 느낀 것

일상에서 실천할 일

내 꿈과 연결시키기!

iFUN
아이펀 창의교육센터

[이솝우화 주제 문장]

#02 못생긴 여자 노예와 아프로디테

못생기고 성질이 고약한 여자 노예가 주인의 사랑을 받았다.
그녀는 주인이 준 돈으로 반짝이는 장신구를 사서
몸을 치장했고 자기 여주인과 경쟁하려 했다.

그녀는 아프로디테에게 늘 제물을 바치며
자기를 아름답게 만들어달라고 기도했다.

그러나 아프로디테가 꿈에 나타나 여자 노예에게 말하기를
자기는 그녀를 아름답게 만들어줄 생각이 없노라고 했다.
너 같은 것을 아름답다고 생각하는
그 남자가 밉고 괘씸하기 때문이지.

[선생님과 함께 해요!]

융합독서코칭 목표
1단계 : 우화가 주는 교훈을 이야기할 수 있다.
2단계 : 우화와 손자병법주제의 융합문장을 만들 수 있다.

1)이솝우화를 함께 읽어봅니다.
2)어떤 교훈을 주는 내용인지 이야기합니다.
3)우화의 본질단어에 대해 이야기합니다.
4)우화교훈과 손자병법 주제문장과의 관계를 이야기합니다.
5)토론이 정리되면 오른쪽 3단계의 내용을 단어나 문장으로
　적고 이야기해 봅니다.

Teacher Tip
-다양한 아이들의 생각을 인정 및 지지합니다.
-우화의 인물중심으로 관계성을 묻습니다.
-우화에서 찾아낸 본질단어를 깊게 토론합니다.
-손자병법의 주제문장과 융합하여 생각해보는 것이 중요합니다.

[일상에 적용하기]

수업을 통해 느낀 것

일상에서 실천할 일

내 꿈과 연결시키기!

작전＊모공편－의심

창의이미지코칭

[오늘의 중심단어]

①작품명 :

②작품명 :

③작품명 :

①작품설명

②작품설명

③작품설명

작전＊모공편-의심

[일상과 소통하기]

수업을 통해 느낀 것

일상에서 실천할 일

내 꿈과 연결시키기!

[선생님과 함께~]

1단계 : 중심단어와 관련된 3장의 그림을 그립니다.

2단계 : 창의이미지 작품명을 붙여봅니다.

1)손자병법의 내용 중에 중심단어를 정해봅니다.
2)곡선이나 직선을 활용하여 중심단어를 꾸며봅니다.
3)색칠을 할 수도 있습니다.
4)3개의 작품에 이름과 간단한 설명을 붙여봅니다.
5)그림을 완성한 후 작품을 돌아가며 설명해봅니다.
6)우측에 3단계 자기적용을 작성해봅니다.

Teacher Tip
  -자유롭게 중심단어에 연상되는 그림을 그리게 합니다.

IFUN
아이＊편 창의교육센터

작전*모공편 컬럼쓰기

[일상과 소통하기]

수업을 통해 느낀 것

[재미있는 글짓기-컬럼쓰기]

손자병법 주제문장의 핵심단어 찾아주기
1)
2)
3)
4)

이솝우화의 주요핵심단어 체크해주기
1)
2)
3)
4)

* 이미지맵으로 그려주어도 좋습니다.
* 핵심단어를 활용한 6하 원칙 글쓰기^^

일상에서 실천할 일

[선생님과 함께 해요!]

내 꿈과 연결시키기!

소통독서코칭 목표

1단계 : 손자병법과 우화로 6하 원칙의 내 글을 쓸 수 있다.

2단계 : 글을 쓰고 난 후 글의 제목을 만들 수 있다.

1)글쓰기가 익숙하지 않은 학생에게는 생각을 끄집어내주는 자극을
   주어야 합니다.
2)손자병법에서 뽑은 문장을 체크해서 다시한번 읽어봅니다.
3)이솝우화에서 생각한 핵심단어를 체크해봅니다.
4)이솝우화에 등장하는 등장인물이 누구인지 묻습니다.
5)손자병법주제와 우화의 관계성에 대해 이야기해봅니다.
6)작성한 자신의 칼럼(글짓기)를 돌아가면서 읽어봅니다.
7)친구들이 발표하는 내용을 잘 듣도록 유도합니다.
   [친구의 글 내용을 물어볼 수도 있습니다.]
8)글의 제목을 정하고 그 이유를 이야기합니다.

iFUN
아이편 창의교육센터

작전＊모공편-의심

군형＊병세편

<군형편 - 끊임없이 움직여 이기는 싸움만 해라!>

군형이란? 군(軍)의 형(形)이라는 뜻이니 군의 배치형태를 의미한다.
즉, 물질적 역량, 병력이 많고 적음, 전투력의 강약, 자질의 우열 등 군의 형세와 정황을 가리킨다.
이 편에서는 전략적인 방어에 있어 군사의 실력 문제와 확신이 없는 전쟁을 하지 않으면서
어떻게 하면 스스로 보전하여 완전한 승리를 거둘 수 있는가 하는 여러 가지 문제점을 다루고 있다.

<병세편 - 고요속에서 폭풍처럼, 승리는 기세가 결정한다!>

병세편은 군형편의 자매편에 해당하는 것으로 형(形)은 움직이는 물질이고 세(勢)는 물질의 움직임을 말한다. 전쟁의 진행은 군의 세를 잘 형성하여 그것을 구사하는 것이 중요하다고 말한다. 세(勢)라는 것은 힘이 움직이는 기세를 말한다. 힘은 고여 있거나 정지한 곳에서는 발휘되지 않는다. 움직임 속에서 나타난다.
병세편은 군사들의 실력을 바탕으로 장수가 지휘능력을 충분히 발휘할 것과
아군에게 유리한 태세를 만들어 이용하고 전술을 정확하게 쓰고 병력을 적절하게 사용할 것을
논하고 있다. 이것은 적이 미처 생각지도 못한 방법으로 승리를 거두는 전략이다.
군(軍)의 기본 관리 방법을 기초로 하고 정(正), 기(奇)의 병법을 적절하게 운용하면서, 군을 항상 최대한의 힘을 발휘할 수 있는 태세에 몰아넣어 세(勢)를 가지라고 말한다.

군형 * 병세편-갈등

[손자병법 주제 문장]

[군형편]

> 孫子曰(손자왈) : 昔之善戰者(석지선전자),
> 先爲不可勝(선위부가승), 以侍敵之可勝(이대적지가승).
> 不可勝在己(부가승재기), 可勝在敵(가승재적). 故善戰者(고선전자),
> 能爲不可勝(능위부가승),不能使敵必可勝(부능사적필가승)

손자가 말했다. 옛날에 전쟁을 잘하는 장군은 먼저 이길 수 없는 나를 만들고, 승리가 가능한 적군을 대적한다. 적이 승리하지 못하게 하는 상황은 나에게 존재한다. 내가 승리할 수 있는 상황은 적에게 존재하는 것이다. 고로 전쟁을 잘하는 자는 적군의 승리가 불가능하게 할 수는 있지만, 필히 적에게서 승리가 가능한 상황을 구하기는 어렵다.

[병세편]

> 是故善戰者(시고선전자), 其勢險(기세험), 其節短(기절단).
> 勢如확弩(세여확노), 節如發機(절여발기).

이런 고로 전쟁을 잘하는 자는 기세가 험하고 그 절도가 짧다. 그 기세는 잡아당긴 활과 같고 그 절도는 발사된 화살과 같다.

[선생님과 함께 해요]

    1단계 : 소리 내어 읽어보고, 필사하고, 외워본다.
    2단계 : 손자병법 주제문장에 대해 내 생각을 이야기할 수 있다.

1)손자병법의 각 장에서 주제어/문장을 찾아봅니다.
2)찾은 문장을 돌아가며 소리 내어 읽어봅니다.
3)선택한 주제문장을 필사해봅니다.
4)필사한 문장을 외워봅니다.
5)토론내용의 결론을 한 문장으로 적어봅니다.
6)진행교사는 되도록 말을 줄이며 참여 학생 및 독서회원들의
   의견을 듣도록 합니다. (리더/학생 언급 : 1대3의 비율)
7)충고하거나 지적하는 일이 없도록 합니다.
8)충분한 토론이 끝나면 일상에 적용하기 3단계 내용을 간단한
   단어나 문장으로 적고 수업을 정리합니다.

[일상에 적용하기]

수업을 통해 느낀 것

일상에서 실천할 일

내 꿈과 연결시키기!

군형*병세편-이솝우화

[이솝우화 주제 문장]

#03 불가능한 것을 약속한 남자

어떤 가난한 사람이 병이 들어 위독해졌다.
의사들이 손을 놓자 그는 신들에게 기도드리며
만약 자기가 건강을 되찾게 된다면
성대한 재물과 감사의 공물을 바치겠다고 서약했다.

[마침 곁에 있던] 그의 아내가 물었다.
대체 그런 것들을 살 돈을 당신은 어디서 구해올 작정인데요?

그가 대답했다.
당신은 신들이 그런 것들을 청구할 수 있도록
내가 건강을 되찾을 수 있으리라고 믿는 거요?

[선생님과 함께 해요!]

융합독서코칭 목표
1단계 : 우화가 주는 교훈을 이야기할 수 있다.
2단계 : 우화와 손자병법주제의 융합문장을 만들 수 있다.

1)이솝우화를 함께 읽어봅니다.
2)어떤 교훈을 주는 내용인지 이야기합니다.
3)우화의 본질단어에 대해 이야기합니다.
4)우화교훈과 손자병법 주제문장과의 관계를 이야기합니다.
5)토론이 정리되면 오른쪽 3단계의 내용을 단어나 문장으로
  적고 이야기해 봅니다.

Teacher Tip
-다양한 아이들의 생각을 인정 및 지지합니다.
-우화의 인물중심으로 관계성을 묻습니다.
-우화에서 찾아낸 본질단어를 깊게 토론합니다.
-손자병법의 주제문장과 융합하여 생각해보는 것이 중요합니다.

[일상에 적용하기]

수업을 통해 느낀 것

일상에서 실천할 일

내 꿈과 연결시키기!

* 본질단어 : 기도, 돈, 나눔

* 아테나는 그리스 신화에서 제우스의 딸로 전쟁과 직조와 공예의 여신이며 아테나이의 수호여신이다.

창의이미지코칭

[오늘의 중심단어]

①작품명 :

②작품명 :

③작품명 :

①작품설명

②작품설명

③작품설명

균형*병세편-갈등

[일상과 소통하기]

수업을 통해 느낀 것

일상에서 실천할 일

내 꿈과 연결시키기!

[선생님과 함께~]

1단계 : 중심단어와 관련된 3장의 그림을 그립니다.

2단계 : 창의이미지 작품명을 붙여봅니다.

1)손자병법의 내용 중에 중심단어를 정해봅니다.

2)곡선이나 직선을 활용하여 중심단어를 꾸며봅니다.

3)색칠을 할 수도 있습니다.

4)3개의 작품에 이름과 간단한 설명을 붙여봅니다.

5)그림을 완성한 후 작품을 돌아가며 설명해봅니다.

6)우측에 3단계 자기적용을 작성해봅니다.

Teacher Tip

-자유롭게 중심단어에 연상되는 그림을 그리게 합니다.

균형*병세편 컬럼쓰기

[재미있는 글짓기-컬럼쓰기]

손자병법주제문장의 핵심단어 찾아주기
1)
2)
3)
4)

이솝우화의 주요핵심단어 체크해주기
1)
2)
3)
4)

* 이미지맵으로 그려주어도 좋습니다.
* 핵심단어를 활용한 6하 원칙 글쓰기^^

[일상과 소통하기]

수업을 통해 느낀 것

일상에서 실천할 일

내 꿈과 연결시키기!

[선생님과 함께 해요!]

소통독서코칭 목표
1단계 : 손자병법과 우화로 6하 원칙의 내 글을 쓸 수 있다.
2단계 : 글을 쓰고 난 후 글의 제목을 만들 수 있다.

1)글쓰기가 익숙하지 않은 학생에게는 생각을 끄집어내주는 자극을
   주어야 합니다.
2)손자병법에서 뽑은 문장을 체크해서 다시한번 읽어봅니다.
3)이솝우화에서 생각한 핵심단어를 체크해봅니다.
4)이솝우화에 등장하는 등장인물이 누구인지 묻습니다.
5)손자병법주제와 우화의 관계성에 대해 이야기해봅니다.
6)작성한 자신의 칼럼(글짓기)를 돌아가면서 읽어봅니다.
7)친구들이 발표하는 내용을 잘 듣도록 유도합니다.
   [친구의 글 내용을 물어볼 수도 있습니다.]
8)글의 제목을 정하고 그 이유를 이야기합니다.

균형*병세편-갈등

허실편

<허실편 - 선택과 집중으로 주도권을 잡아라!>

허(虛)는 빈틈을 의미하고 실(實)은 충실함을 뜻한다. 그러니 실은 준비있는 것이고 허는 준비 없는 것이다. 전쟁의 상황속에서 강점과 약점을 가리킨 것이다. 이른바 전술상 상황판단이 곧 이 허실의 상태를 파악한다는 것이다.
허실편은 전쟁을 할 때 적군과 아군의 허실의 변화에 대해 말하고 있다.
전쟁의 주도권을 잡는 것이 얼마나 중요한가와 그것을 잡고 지키는 방법에 대해 언급하였다.
용병하는 방법도 주어진 상황에 따라 천차만별이므로 항상 적의 허점을 꿰뚫고 그곳을 공격해야 한다, 싸움에는 정해진 틀이 없다는 기본정신을 잊지 말아야 한다.

*공격의 3대 요결 - 선제(先制) / 주동(主動) / 의표(意表)를 말하고 있다.
이 편은 역대 유명한 장수들이 격찬을 아끼지 않았던 내용들이다.

허실편-믿음

[손자병법 주제 문장]

#01 허실편

微乎微乎(미호미호), 至於無形(지어무형), 神乎神乎(신호신호)
至於無聲(지어무성), 故能爲敵之司命(고능위적지사명).

미세하게 다가오니 형체가 없구나. 귀신같이 다가오니 소리가 없구나.
고로 이것이 가능해야만 적의 생명을 주관할 수 있는 것이다.

#02 허실편

故形兵之極(고형병지극), 至於無形(지어무형)
無形則深間不能窺(무형즉심간부능규), 智者不能謀(지자부능모).

군대를 운영하는 극치는 무형의 경지에 이르는 것이다. 무형의 경지는 즉 적의 간첩이 심연처럼 깊게 침투해도 아군의 허실을 엿볼 수 없다. 지혜로운 적이라 해도 모략이 불가능하다.

[일상에 적용하기]

수업을 통해 느낀 것

일상에서 실천할 일

내 꿈과 연결시키기!

[선생님과 함께 해요]

1단계 : 소리 내어 읽어보고, 필사하고, 외워본다.
2단계 : 손자병법 주제문장에 대해 내 생각을 이야기할 수 있다.

1)손자병법의 각 장에서 주제어/문장을 찾아봅니다.
2)찾은 문장을 돌아가며 소리 내어 읽어봅니다.
3)선택한 주제문장을 필사해봅니다.
4)필사한 문장을 외워봅니다.
5)토론내용의 결론을 한 문장으로 적어봅니다.
6)진행교사는 되도록 말을 줄이며 참여 학생 및 독서회원들의
   의견을 듣도록 합니다. (리더/학생 언급 : 1대3의 비율)
7)충고하거나 지적하는 일이 없도록 합니다.
8)충분한 토론이 끝나면 일상에 적용하기 3단계 내용을 간단한
   단어나 문장으로 적고 수업을 정리합니다.

[이솝우화 주제 문장]

#04 소몰이꾼과 헤라클레스

소몰이꾼이 마을로 달구지를 몰고 가다가 달구지가
깊은 구덩이에 빠졌다.
소몰이꾼은 달구지를 끌어낼 생각은 하지 않고
우두커니 서서 모든 신들 가운데.
그가 가장 존경하는 헤라클레스에게 기도만 했다.

헤라클레스가 나타나 말했다.
바퀴들을 만져보고 막대기로 소들을 찔러봐
너 스스로 노력한 다음 신들에게 기도해야지
그러지 않으면 기도해도 헛일이야.

[일상에 적용하기]

수업을 통해 느낀 것

일상에서 실천할 일

내 꿈과 연결시키기!

[선생님과 함께 해요!]

융합독서코칭 목표
1단계 : 우화가 주는 교훈을 이야기할 수 있다.
2단계 : 우화와 손자병법주제의 융합문장을 만들 수 있다.

1)이솝우화를 함께 읽어봅니다.
2)어떤 교훈을 주는 내용인지 이야기합니다.
3)우화의 본질단어에 대해 이야기합니다.
4)우화교훈과 손자병법 주제문장과의 관계를 이야기합니다.
5)토론이 정리되면 오른쪽 3단계의 내용을 단어나 문장으로
   적고 이야기해 봅니다.

Teacher Tip
-다양한 아이들의 생각을 인정 및 지지합니다.
-우화의 인물중심으로 관계성을 묻습니다.
-우화에서 찾아낸 본질단어를 깊게 토론합니다.
-손자병법의 주제문장과 융합하여 생각해보는 것이 중요합니다.

iFUN
아이편 창의교육센터

허실편-믿음

* 본질단어 : 바다 & 물고기 & 그물

창의이미지코칭

[오늘의 중심단어]

①작품명 :

②작품명 :

③작품명 :

①작품설명

②작품설명

③작품설명

허실편-믿음

[일상과 소통하기]

수업을 통해 느낀 것

일상에서 실천할 일

내 꿈과 연결시키기!

[선생님과 함께~]

1단계 : 중심단어와 관련된 3장의 그림을 그립니다.

2단계 : 창의이미지 작품명을 붙여봅니다.

1)손자병법의 내용 중에 중심단어를 정해봅니다.

2)곡선이나 직선을 활용하여 중심단어를 꾸며봅니다.

3)색칠을 할 수도 있습니다.

4)3개의 작품에 이름과 간단한 설명을 붙여봅니다.

5)그림을 완성한 후 작품을 돌아가며 설명해봅니다.

6)우측에 3단계 자기적용을 작성해봅니다.

Teacher Tip

　-자유롭게 중심단어에 연상되는 그림을 그리게 합니다.

허실편-믿음 컬럼쓰기

[재미있는 글짓기-컬럼쓰기]

손자병법주제문장의 핵심단어 찾아주기
1)
2)
3)
4)

이솝우화의 주요핵심단어 체크해주기
1)
2)
3)
4)

* 이미지맵으로 그려주어도 좋습니다.
* 핵심단어를 활용한 6하 원칙 글쓰기^^

[일상과 소통하기]

수업을 통해 느낀 것

일상에서 실천할 일

내 꿈과 연결시키기!

[선생님과 함께 해요!]

소통독서코칭 목표

1단계 : 손자병법과 우화로 6하 원칙의 내 글을 쓸 수 있다.
2단계 : 글을 쓰고 난 후 글의 제목을 만들 수 있다.

1)글쓰기가 익숙하지 않은 학생에게는 생각을 끄집어내주는 자극을
   주어야 합니다.
2)손자병법에서 뽑은 문장을 체크해서 다시한번 읽어봅니다.
3)이솝우화에서 생각한 핵심단어를 체크해봅니다.
4)이솝우화에 등장하는 등장인물이 누구인지 묻습니다.
5)손자병법주제와 우화의 관계성에 대해 이야기해봅니다.
6)작성한 자신의 칼럼(글짓기)를 돌아가면서 읽어봅니다.
7)친구들이 발표하는 내용을 잘 듣도록 유도합니다.
   [친구의 글 내용을 물어볼 수도 있습니다.]
8)글의 제목을 정하고 그 이유를 이야기합니다.

허실편-믿음

군쟁＊구변편

<군쟁편 - 지름길은 없다, 어둠속에 도사려라!>

군쟁은 군대를 사용하여 승리를 쟁취한다는 뜻의 전투를 의미한다. 군쟁편은 적군과 아군이 승리를 쟁탈하는 것을 논하였다. 이 편의 중요한 내용은 전쟁에 있어서 기선을 먼저 제압하는 것이 얼마나 중요한가, 그리고 기선을 제압하는 방법은 무엇인가를 논하였다.

용병이란 속임으로써 성공하고 이로움을 다져 행동하며 때로는 병력을 분산시키기도 하며 주어진 상황에 따라 변화있게 적절하게 대응한다는 원칙을 제시하였으며 군대는 전략을 펼칠 기회를 포착하여 유리한 형세를 먼저 차지해야 함을 밝혔다.

<구변편 - 장수의 조건을 이해하라!>

구변(九變)이란 아홉가지의 변칙(變則)이란 뜻이다. 구변편은 여러 가지 상황에 따른 매우 민첩하고 능동적인 작전에 관해 상도(常道)와 변칙을 논하였다. '구'는 상황이 매우 복잡하고 다양하다는 의미이고 '변'은 융통한다는 뜻으로 주어진 상황에 순응하여 요령있게 대응하는 방법을 말한다.
손자는 장수가 주어진 상황에 따라 능동적으로 대처할 수 있도록 하기 위해 군주의 명령에는 받아들여서는 안 되는 명령이 있다는 것을 제시하여 전쟁터에서는 군대의 지휘관이 실질적인 결정권을 가져야 한다고 강조하였다.

군쟁*구변편-성취

[손자병법 주제 문장]

[군쟁편]

故其疾如風(고기질여풍), 其徐如林(기서여림), 侵掠如火(침략여화),
不動如山(부동여산), 難知如陰(난지여음), 動如雷霆(동여뢰정).

고로 빠르기는 질풍과 같고 서행하기는 숲처럼 고요하고, 침략은 불처럼 기세가 왕성하게, 움직이지 않는 것은 산처럼 진중하고, 숨기는 어둠처럼 안보이게, 움직일 때는 우뢰처럼 기세다.

[구변편]

孫子曰(손자왈), 凡用兵之法(범용병지법), 將受命於君(장군명어군),
合軍聚衆(합군취중), 圮地無舍(비지무사), 衢地合交(구지합교),
絶地無留(적지무류), 圍地則謀(위지칙모), 死地則戰(사지즉전)

손자가 말했다. 군대의 운용법은, 장군이 군주의 명령을 수락하고, 군대를 조합하기 위해 병사들을 모집한다. 군대의 막사는 무너지지 않는 지형에 설치하고, 사방이 트인 곳에서 외교관계를 잘 맺어둔다. 황무지에서는 오래 유영하지 말고, 포위될만한 지형에서는 빠져나갈 책모를 세워둔다. 사지에서는 죽기 살기로 전투를 해야 한다.

[선생님과 함께 해요]

1단계 : 소리 내어 읽어보고, 필사하고, 외워본다.
2단계 : 손자병법 주제문장에 대해 내 생각을 이야기할 수 있다.

1)손자병법의 각 장에서 주제어/문장을 찾아봅니다.
2)찾은 문장을 돌아가며 소리 내어 읽어봅니다.
3)선택한 주제문장을 필사해봅니다.
4)필사한 문장을 외워봅니다.
5)토론내용의 결론을 한 문장으로 적어봅니다.
6)진행교사는 되도록 말을 줄이며 참여 학생 및 독서회원들의
  의견을 듣도록 합니다. (리더/학생 언급 : 1대3의 비율)
7)충고하거나 지적하는 일이 없도록 합니다.
8)충분한 토론이 끝나면 일상에 적용하기 3단계 내용을 간단한
  단어나 문장으로 적고 수업을 정리합니다.

[일상에 적용하기]

수업을 통해 느낀 것

일상에서 실천할 일

내 꿈과 연결시키기!

군쟁*구변편-우화

[일상에 적용하기]

수업을 통해 느낀 것

[이솝우화 주제 문장]

#05 농부와 언 뱀

겨울철에 뱀이 추위에 뻣뻣해진 것을 보고
농부가 불쌍한 생각이 들어 가슴에 품었다.

뱀은 몸이 따듯해지자
제 본성으로 돌아가 은인을 물어 죽였다.
농부가 죽어가며 말했다.
나는 벌 받아 마땅하지 사악한 자를 불쌍히 여겼으니

일상에서 실천할 일

[선생님과 함께 해요!]

융합독서코칭 목표
1단계 : 우화가 주는 교훈을 이야기할 수 있다.
2단계 : 우화와 손자병법주제의 융합문장을 만들 수 있다.

1)이솝우화를 함께 읽어봅니다.
2)어떤 교훈을 주는 내용인지 이야기합니다.
3)우화의 본질단어에 대해 이야기합니다.
4)우화교훈과 손자병법 주제문장과의 관계를 이야기합니다.
5)토론이 정리되면 오른쪽 3단계의 내용을 단어나 문장으로
  적고 이야기해 봅니다.

내 꿈과 연결시키기!

Teacher Tip
-다양한 아이들의 생각을 인정 및 지지합니다.
-우화의 인물중심으로 관계성을 묻습니다.
-우화에서 찾아낸 본질단어를 깊게 토론합니다.
-손자병법의 주제문장과 융합하여 생각해보는 것이 중요합니다.

iFUN
아이펀 창의교육센터

* 헤르메스는 그리스 신화에서 제우스의 아들로 신들의 전령이자 상인과 도둑들의 보호자

창의이미지코칭

①작품명 :

②작품명 :

③작품명 :

[오늘의 중심단어]

①작품설명

②작품설명

③작품설명

군쟁*구변편-성취

아이펀 창의독서교육센터
손자병법 19주차 이미지독서코칭

[일상과 소통하기]

수업을 통해 느낀 것

일상에서 실천할 일

내 꿈과 연결시키기!

[선생님과 함께~]

1단계 : 중심단어와 관련된 3장의 그림을 그립니다.

2단계 : 창의이미지 작품명을 붙여봅니다.

1)손자병법의 내용 중에 중심단어를 정해봅니다.
2)곡선이나 직선을 활용하여 중심단어를 꾸며봅니다.
3)색칠을 할 수도 있습니다.
4)3개의 작품에 이름과 간단한 설명을 붙여봅니다.
5)그림을 완성한 후 작품을 돌아가며 설명해봅니다.
6)우측에 3단계 자기적용을 작성해봅니다.

Teacher Tip
-자유롭게 중심단어에 연상되는 그림을 그리게 합니다.

iFUN
아이+편 창의교육센터

군쟁*구변편 컬럼쓰기

[재미있는 글짓기-컬럼쓰기]

손자병법주제문장의 핵심단어 찾아주기
1)
2)
3)
4)

이솝우화의 주요핵심단어 체크해주기
1)
2)
3)
4)

* 이미지맵으로 그려주어도 좋습니다.
* 핵심단어를 활용한 6하 원칙 글쓰기^^

[일상과 소통하기]

수업을 통해 느낀 것

일상에서 실천할 일

내 꿈과 연결시키기!

[선생님과 함께 해요!]

소통독서코칭 목표

1단계 : 손자병법과 우화로 6하 원칙의 내 글을 쓸 수 있다.
2단계 : 글을 쓰고 난 후 글의 제목을 만들 수 있다.

1)글쓰기가 익숙하지 않은 학생에게는 생각을 끄집어내주는 자극을 주어야 합니다.
2)손자병법에서 뽑은 문장을 체크해서 다시 한 번 읽어봅니다.
3)이솝우화에서 생각한 핵심단어를 체크해봅니다.
4)이솝우화에 등장하는 등장인물이 누구인지 묻습니다.
5)손자병법주제와 우화의 관계성에 대해 이야기해봅니다.
6)작성한 자신의 칼럼(글짓기)를 돌아가면서 읽어봅니다.
7)친구들이 발표하는 내용을 잘 듣도록 유도합니다.
　[친구의 글 내용을 물어볼 수도 있습니다.]
8)글의 제목을 정하고 그 이유를 이야기합니다.

군쟁*구변편-성취

행군편

<행군편 - 본질은 숨어있다!>

행군(行軍)이라함은 군대의 행진이라는 뜻이다. 전투에 즈음한 행진(行進), 주군(駐軍), 정찰(偵察), 작전(作戰)과 군대의 통솔 등 모든 일을 널리 포함하고 있다. 행군편은 행군과 포자, 그리고 서로 다른 여러 가지 징후들로 적군의 사정을 관찰하고 판단하는 방법을 논하였다. 적을 상대하는 방법을 30가지가 넘게 열거하였는데, 이것은 손자가 직접 경험한 것을 정리한 것이다.

이 밖에서도 군대를 다스리는 문제를 상세하게 논하였는데 주의 깊게 살펴봐야 한다.
 - 나아가는 데도 원칙이 있다.
 - 작은 기미에서 큰 변화를 읽어라
 - 잘 싸우는 장수는 불친절하다.
 - 사정이 급하면 상벌을 남발한다.
 - 사소한 행동에도 이유가 있다.
 - 군사는 이길 만큼만 움직여라.
 - 지켜져야 그것이 명령이다.

행군편-지혜

[손자병법 주제 문장]

#01 행군편

卒未親附而罰之(졸미친부이벌지), 則不服(즉부복),
不服則難用也(부복즉난용야).
卒已親附而罰不行(졸이친부이벌부행), 則不可用也(즉부가용야).

병졸이 아직 장군과 친해지지 않은 상태에서 벌을 주면 속으로는 불복할 것이다. 복종하지 않으면 운용하기가 곤란할 것이다. 병졸이 이미 장군과 친해졌는데 마땅한 벌을 행하지 않으면, 운용하기가 불가능하다.

#02 행군편

故令之以文(고령지이문), 齊之以武(제지이무), 是謂必取(시위필취),
令素行以敎其民(령소행이교기민), 則民服(즉민복),
令不素行以敎其民(령부소행이교기민),
則民不服(즉민부복), 令素行者(령소행자), 與衆相得也(여중상득야).

고로 명령은 부드러운 말로 하고, 통제는 무력으로 할 때, 필히 승리를 취하게 된다. 명령이 평소에 잘 교육되어 병졸이 잘 지키면 병사들이 복종할 것이다. 명령이 평소에 잘 교육되지 않아 병졸이 지키지 않으면 병사들이 불복종할 것이다. 명령이 평소에 잘 지켜지면 장군과 병사들이 서로 이들을 얻을 것이다.

[선생님과 함께 해요]

1단계 : 소리 내어 읽어보고, 필사하고, 외워본다.
2단계 : 손자병법주제에 대해 내 생각을 이야기할 수 있다.

1)손자병법의 각 장에서 주제어/문장을 찾아봅니다.
2)찾은 문장을 돌아가며 소리 내어 읽어봅니다.
3)선택한 주제문장을 필사해봅니다.
4)필사한 문장을 외워봅니다.
5)토론내용의 결론을 한 문장으로 적어봅니다.
6)진행교사는 되도록 말을 줄이며 참여 학생 및 독서회원들의
   의견을 듣도록 합니다. (리더/학생 언급 : 1대3의 비율)
7)충고하거나 지적하는 일이 없도록 합니다.
8)충분한 토론이 끝나면 일상에 적용하기 3단계 내용을 간단한
   단어나 문장으로 적고 수업을 정리합니다.

[일상에 적용하기]

수업을 통해 느낀 것

일상에서 실천할 일

내 꿈과 연결시키기!

iFUN
아이·펀 창의교육센터

[이솝우화 주제 문장]

융합코칭 #06 두 원수

서로 미워하는 두 사람이 한배를 타고 가고 있었다.
한 사람은 고물에, 다른 사람은 이물에 앉아 있었다.
폭풍이 일어 배가 가라앉으려 하자
고물에 있던 사람이 키잡이에게
배의 어느쪽이 먼저 가라앉겠느냐고 물었다.
키잡이가 이물이라고 말했다.

그러자 그가 말했다.
내 원수가 나보다 먼저 죽는 것을 볼 수 있다면
나는 죽어도 여한이 없소

[일상에 적용하기]

수업을 통해 느낀 것

일상에서 실천할 일

내 꿈과 연결시키기!

[선생님과 함께 해요!]

융합독서코칭 목표
1단계 : 우화가 주는 교훈을 이야기할 수 있다.
2단계 : 우화와 손자병법주제의 융합문장을 만들 수 있다.

1)이솝우화를 함께 읽어봅니다.
2)어떤 교훈을 주는 내용인지 이야기합니다.
3)우화의 본질단어에 대해 이야기합니다.
4)우화교훈과 손자병법 주제문장과의 관계를 이야기합니다.
5)토론이 정리되면 오른쪽 3단계의 내용을 단어나 문장으로
   적고 이야기해 봅니다.

Teacher Tip
-다양한 아이들의 생각을 인정 및 지지합니다.
-우화의 인물중심으로 관계성을 묻습니다.
-우화에서 찾아낸 본질단어를 깊게 토론합니다.
-손자병법의 주제문장과 융합하여 생각해보는 것이 중요합니다.

* 본질단어 : 수명, 욕심

창의이미지코칭

[오늘의 중심단어]

①작품명 :

①작품설명

②작품명 :

②작품설명

③작품명 :

③작품설명

[일상과 소통하기]

수업을 통해 느낀 것

일상에서 실천할 일

내 꿈과 연결시키기!

[선생님과 함께~]

1단계 : 중심단어와 관련된 3장의 그림을 그립니다.

2단계 : 창의이미지 작품명을 붙여봅니다.

1)손자병법의 내용 중에 중심단어를 정해봅니다.
2)곡선이나 직선을 활용하여 중심단어를 꾸며봅니다.
3)색칠을 할 수도 있습니다.
4)3개의 작품에 이름과 간단한 설명을 붙여봅니다.
5)그림을 완성한 후 작품을 돌아가며 설명해봅니다.
6)우측에 3단계 자기적용을 작성해봅니다.

Teacher Tip
-자유롭게 중심단어에 연상되는 그림을 그리게 합니다.

행군편-지혜 컬럼쓰기

[재미있는 글짓기-컬럼쓰기]

손자병법주제문장의 핵심단어 찾아주기
1)
2)
3)
4)

이솝우화의 주요핵심단어 체크해주기
1)
2)
3)
4)

* 이미지맵으로 그려주어도 좋습니다.
* 핵심단어를 활용한 6하 원칙 글쓰기^^

[일상과 소통하기]

수업을 통해 느낀 것

일상에서 실천할 일

내 꿈과 연결시키기!

[선생님과 함께 해요!]

소통독서코칭 목표

1단계 : 손자병법과 우화로 6하 원칙의 내 글을 쓸 수 있다.

2단계 : 글을 쓰고 난 후 글의 제목을 만들 수 있다.

1)글쓰기가 익숙하지 않은 학생은 생각을 끄집어내주는 자극을
   주어야 합니다.
2)손자병법에서 뽑은 문장을 체크해서 다시한번 읽어봅니다.
3)이솝우화에서 생각한 핵심단어를 체크해봅니다.
4)이솝우화에 등장하는 등장인물이 누구인지 묻습니다.
5)손자병법주제와 우화의 관계성에 대해 이야기해봅니다.
6)작성한 자신의 컬럼(글짓기)를 돌아가면서 읽어봅니다.
7)친구들이 발표하는 내용을 잘 듣도록 유도합니다.
   [친구의 글 내용을 물어볼 수도 있습니다.]
8)글의 제목을 정하고 그 이유를 이야기합니다.

지형, 구지편

<지형편 - 패전에는 이유가 있다!>

<지형편>은 군사지리학과 관련된 여러 가지 문제들을 논하였다.
손자는 여섯 가지 지형과 패배의 여섯 가지 상태를 제시하고 적의 정세와 군사지리의 상호관계를 밝혔다.
적의 의도를 잘 알고 승리할 수 있는 작전을 세우기 위해서는 지형의 험준함과 평탄함, 행군 거리의 멀고 가까움을 반드시 계산해야 한다고 제시하였다. 그리고 병사를 자기 자신처럼 사랑하는 장수의 책임감을 설명하였다.
승리를 위한 4대 요강 1)지형을 알아야 하고 2)자기를 알고 3)적을 알아야하고 4)천시를 알아야 한다.

<구지편 - 죽음에서 삶으로 오려면 본심을 들키지 말아야 한다!>

구지는 아홉 종류의 땅이라는 뜻이다. <구지편>은 지리학적 전략이라는 관점에서 시작하여 전략적인 공격을 할 때의 기습에 관한 여러 가지 문제들을 논하였다. 서로 다른 지역에서 공격 전략을 세울 때 반드시 써야할 전략과 행동 방침들로 땅에 대해 언급한 지형편과 구별된다. 구지는 인적요소와 지형적인 오소를 함께 고려하여 사람과 땅의 상호관계로부터 작전의 묘책을 총결정하고 찾아내는 것이다.
손자는 적의 약점을 매우 신속하게 파악하여 주동적인 위치를 찾아야 하며 적군의 허점이 발견되면 신속하게 공격할 것을 강조하였다.

지형*구지편-융합

[손자병법 주제 문장]

[지형편]
視卒如嬰兒(시졸여영아), 故可與之赴深溪(고가여지부심계).
視卒如愛子(시졸여애자), 故可與之俱死(고가여지구사),

장군의 병졸 보는 시각이 어린 영아를 돌보듯이 하면 병사들이 심산유곡의 계곡을 용감하게 전진한다. 장군이 병졸을 보는 시각에 사랑이 넘치면 병사들이 죽음을 무릅쓰고 전진한다.

[구지편]
是故其兵不修而戒(시고기병부수이계),
不求而得(부구이득), 不約而親(부약이친),
不令而信(부령이신), 禁祥去疑(금상거의), 至死無所之(지사무소지).

병사들은 스스로 경계하고, 요구하지 않아도 이득을 얻게 되고, 약속하지 않아도 서로 친근해지며, 명령하지 않아도 신뢰가 생긴다. 미신을 금지하고 의심을 없애면 죽음에 이르러도 동요하지 않는다.

[선생님과 함께 해요]

1단계 : 소리 내어 읽어보고, 필사하고, 외워본다.
2단계 : 손자병법주제에 대해 내 생각을 이야기할 수 있다.

1)손자병법의 각 장에서 주제어/문장을 찾아봅니다.
2)찾은 문장을 돌아가며 소리 내어 읽어봅니다.
3)선택한 주제문장을 필사해봅니다.
4)필사한 문장을 외워봅니다.
5)토론내용의 결론을 한 문장으로 적어봅니다.
6)진행교사는 되도록 말을 줄이며 참여 학생 및 독서회원들의
  의견을 듣도록 합니다. (리더/학생 언급 : 1대3의 비율)
7)충고하거나 지적하는 일이 없도록 합니다.
8)충분한 토론이 끝나면 일상에 적용하기 3단계 내용을 간단한
  단어나 문장으로 적고 수업을 정리합니다.

[일상에 적용하기]

수업을 통해 느낀 것

일상에서 실천할 일

내 꿈과 연결시키기!

[이솝우화 주제 문장]

#07 제우스와 사람들

제우스는 사람들을 만들고 나서 헤르메스를 시켜
그들에게 지혜를 부어주게 했다.
그러자
헤르메스가 똑같은 분량을 만들어 그들 각자에게 부어주었다.

그리하여 키가 작은 사람들은 자신들의 분량으로
가득 차 지각있는 사람이 되었지만

키가 큰 사람들은 온몸이 물약이 고루 퍼지지 못해
남들보다 지각이 모자란 사람이 되었다.

[일상에 적용하기]

수업을 통해 느낀 것

일상에서 실천할 일

내 꿈과 연결시키기!

[선생님과 함께 해요!]

융합독서코칭 목표

1단계 : 우화가 주는 교훈을 이야기할 수 있다.
2단계 : 우화와 손자병법주제의 융합문장을 만들 수 있다.

1) 이솝우화를 함께 읽어봅니다.
2) 어떤 교훈을 주는 내용인지 이야기합니다.
3) 우화의 본질단어에 대해 이야기합니다.
4) 우화교훈과 손자병법 주제문장과의 관계를 이야기합니다.
5) 토론이 정리되면 오른쪽 3단계의 내용을 단어나 문장으로
   적고 이야기해 봅니다.

Teacher Tip

-다양한 아이들의 생각을 인정 및 지지합니다.
-우화의 인물중심으로 관계성을 묻습니다.
-우화에서 찾아낸 본질단어를 깊게 토론합니다.
-손자병법의 주제문장과 융합하여 생각해보는 것이 중요합니다.

iFUN
아이펀 창의교육센터

지형*구지편-융합

아이펀 창의독서교육센터
손자병법 26주차 주제독서코칭

* 본질단어 : 관계, 친구

창의이미지코칭

[오늘의 중심단어]

①작품명 :

②작품명 :

③작품명 :

①작품설명

②작품설명

③작품설명

[일상과 소통하기]

수업을 통해 느낀 것

일상에서 실천할 일

내 꿈과 연결시키기!

[선생님과 함께~]

1단계 : 중심단어와 관련된 3장의 그림을 그립니다.

2단계 : 창의이미지 작품명을 붙여봅니다.

1)손자병법의 내용 중에 중심단어를 정해봅니다.
2)곡선이나 직선을 활용하여 중심단어를 꾸며봅니다.
3)색칠을 할 수도 있습니다.
4)3개의 작품에 이름과 간단한 설명을 붙여봅니다.
5)그림을 완성한 후 작품을 돌아가며 설명해봅니다.
6)우측에 3단계 자기적용을 작성해봅니다.

Teacher Tip
 -자유롭게 중심단어에 연상되는 그림을 그리게 합니다.

지형*구지편 컬럼쓰기

[재미있는 글짓기-컬럼쓰기]

손자병법주제문장의 핵심단어 찾아주기
1)
2)
3)
4)

이솝우화의 주요핵심단어 체크해주기
1)
2)
3)
4)

* 이미지맵으로 그려주어도 좋습니다.
* 핵심단어를 활용한 6하 원칙 글쓰기^^

[일상과 소통하기]

수업을 통해 느낀 것

일상에서 실천할 일

내 꿈과 연결시키기!

[선생님과 함께 해요!]

소통독서코칭 목표
1단계 : 손자병법과 우화로 6하 원칙의 내 글을 쓸 수 있다.
2단계 : 글을 쓰고 난 후 글의 제목을 만들 수 있다.

1)글쓰기가 익숙하지 않은 학생에게는 생각을 끄집어내주는 자극을
 주어야 합니다.
2)손자병법에서 뽑은 문장을 체크해서 다시한번 읽어봅니다.
3)이솝우화에서 생각한 핵심단어를 체크해봅니다.
4)이솝우화에 등장하는 등장인물이 누구인지 묻습니다.
5)손자병법주제와 우화의 관계성에 대해 이야기해봅니다.
6)작성한 자신의 컬럼(글짓기)를 돌아가면서 읽어봅니다.
7)친구들이 발표하는 내용을 잘 듣도록 유도합니다.
 [친구의 글 내용을 물어볼 수도 있습니다.]
8)글의 제목을 정하고 그 이유를 이야기합니다.

지형＊구지편-융합

화공,용간편

<화공편 - 얻는게 없으면 나서지 않는다! 냉혹하게 불태우라>

화공(火攻)이라 불을 놓아 적을 공격하는 전승을 말한다.
예부터 물과 불은 사람을 봐주는 법이 없다. 그래서 병법가들은 물과 불을 전쟁에 수없이 이용하였다.
중국의 전략가들은 전쟁에 불을 활용하는 방법을 많이 사용하였다.
물과 불은 누구나 전쟁에 쉽게 이용할 수 있는 것으로써 화공의 종류와 화공을 실행하기 위해 화공편에
서는 이에 대한 필요한 조건과 방법을 논하였다.

<용간편 - 먼저 적을 알아라~ 전쟁에서는 아는 것이 힘이다!>

용간이란 간첩을 사용한다는 말이며 정보활동을 가리킨 것이다. 첩자의 중요성과 첩자를 부리는 방법과
원칙을 논하였다. 2천 년 전부터 손자는 첩자의 정보활동을 몹시 중요하게 생각했고 정보의 중요성을
깊이 인식하고 있었던 듯하다. 첩자를 강조했던 그의 사상 가운데 지기지피는 즉 적을 아는 것과 일치한
다. 첩자의 중요성은 현대전에서도 높은 의미를 차지하고 있다.

화공＊용간편-소통

[손자병법 주제 문장]

[화공편]
非利不動(비리부동), 非得不用(비득부용), 非危不戰(비위부전).
主不可以怒而興師(주부가이노이흥사),
將不可以慍而致戰(장부가이온이치전).

이득이 없으면 기동하지 않고, 소득이 없으면 용병하지 않고, 위태롭지 않으면 싸우지를 않는다. 군주는 분노에 사로잡혀 군사를 일으키지 않고 장수는 성난다고 하여 전투를 해서는 안 된다.

[용간편]
相守數年(상수삭년), 以爭一日之勝(이쟁일일지승),
而愛爵祿百金(이애작녹백금),
不知敵之情者(부지적지정자), 不仁之至也(부인지지야).

적군을 상대하여 수년을 전쟁에 대비하여도, 전쟁의 승패는 하루 아침에 결정된다. 고로 작위, 봉록, 세금, 등을 아까워 하여 적의 정보를 수집하는데 소홀하다면, 이것은 인하지 못한 일로써 나라가 위태로워진다.

[일상에 적용하기]

수업을 통해 느낀 것

일상에서 실천할 일

내 꿈과 연결시키기!

[선생님과 함께 해요]

1단계 : 소리 내어 읽어보고, 필사하고, 외워본다.
2단계 : 손자병법주제에 대해 내 생각을 이야기할 수 있다.

1)손자병법의 각 장에서 주제어/문장을 찾아봅니다.
2)찾은 문장을 돌아가며 소리 내어 읽어봅니다.
3)선택한 주제문장을 필사해봅니다.
4)필사한 문장을 외워봅니다.
5)토론내용의 결론을 한 문장으로 적어봅니다.
6)진행교사는 되도록 말을 줄이며 참여 학생 및 독서회원들의
　의견을 듣도록 합니다. (리더/학생 언급 : 1대3의 비율)
7)충고하거나 지적하는 일이 없도록 합니다.
8)충분한 토론이 끝나면 일상에 적용하기 3단계 내용을 간단한
　단어나 문장으로 적고 수업을 정리합니다.

[이솝우화 주제 문장]

#08 부상당한 늑대와 양

개들에게 물려 상태가 좋지 않은 늑대가 땅 위에 쓰러져 있었다.
손수 먹을거리를 구할 수 없던 늑대는 양을 보고
근처 강에서 물을 한 모금 떠달라고 했다.

"네가 물을 한 모금 떠주면
나는 손수 먹을거리를 찾을 수 있게 될 거야"

양이 말했다.
"내가 물을 한 모금 떠주면 그때는 내가 당신의 먹을거리가 되겠지요"

[일상에 적용하기]

수업을 통해 느낀 것

일상에서 실천할 일

내 꿈과 연결시키기!

[선생님과 함께 해요!]

융합독서코칭 목표
1단계 : 우화가 주는 교훈을 이야기할 수 있다.
2단계 : 우화와 손자병법주제의 융합문장을 만들 수 있다.

1)이솝우화를 함께 읽어봅니다.
2)어떤 교훈을 주는 내용인지 이야기합니다.
3)우화의 본질단어에 대해 이야기합니다.
4)우화교훈과 손자병법 주제문장과의 관계를 이야기합니다.
5)토론이 정리되면 오른쪽 3단계의 내용을 단어나 문장으로
  적고 이야기해 봅니다.

Teacher Tip
-다양한 아이들의 생각을 인정 및 지지합니다.
-우화의 인물중심으로 관계성을 묻습니다.
-우화에서 찾아낸 본질단어를 깊게 토론합니다.
-손자병법의 주제문장과 융합하여 생각해보는 것이 중요합니다.

* 본질단어 : 무서움, 사랑, 희생

창의이미지코칭

[오늘의 중심단어]

①작품명 :

②작품명 :

③작품명 :

①작품설명

②작품설명

③작품설명

[일상과 소통하기]

수업을 통해 느낀 것

일상에서 실천할 일

내 꿈과 연결시키기!

[선생님과 함께~]

1단계 : 중심단어와 관련된 3장의 그림을 그립니다.

2단계 : 창의이미지 작품명을 붙여봅니다.

1)손자병법의 내용 중에 중심단어를 정해봅니다.

2)곡선이나 직선을 활용하여 중심단어를 꾸며봅니다.

3)색칠을 할 수도 있습니다.

4)3개의 작품에 이름과 간단한 설명을 붙여봅니다.

5)그림을 완성한 후 작품을 돌아가며 설명해봅니다.

6)우측에 3단계 자기적용을 작성해봅니다.

Teacher Tip

-자유롭게 중심단어에 연상되는 그림을 그리게 합니다.

화공*용간편 컬럼쓰기

[재미있는 글짓기-컬럼쓰기]

손자병법주제문장의 핵심단어 찾아주기
1)
2)
3)
4)

이솝우화의 주요핵심단어 체크해주기
1)
2)
3)
4)

* 이미지맵으로 그려주어도 좋습니다.
* 핵심단어를 활용한 6하 원칙 글쓰기^^

[일상과 소통하기]

수업을 통해 느낀 것

일상에서 실천할 일

내 꿈과 연결시키기!

[선생님과 함께 해요!]

소통독서코칭 목표

1단계 : 손자병법과 우화로 6하 원칙의 내 글을 쓸 수 있다.
2단계 : 글을 쓰고 난 후 글의 제목을 만들 수 있다.

1)글쓰기가 익숙하지 않은 학생에게는 생각을 끄집어내주는 자극을
  주어야 합니다.
2)손자병법에서 뽑은 문장을 체크해서 다시한번 읽어봅니다.
3)이솝우화에서 생각한 핵심단어를 체크해봅니다.
4)이솝우화에 등장하는 등장인물이 누구인지 묻습니다.
5)손자병법주제와 우화의 관계성에 대해 이야기해봅니다.
6)작성한 자신의 컬럼(글짓기)를 돌아가면서 읽어봅니다.
7)친구들이 발표하는 내용을 잘 듣도록 유도합니다.
   [친구의 글 내용을 물어볼 수도 있습니다.]
8)글의 제목을 정하고 그 이유를 이야기합니다.

Fair Start for Children

스스로 생각할 수 있는가!

아이펀 창의교육

손*자*병*법

창의이미지언어 독서코칭

미래인재를 키우는 아동*청소년 창의독서코칭

제시어(이슈) : 지속성 durability

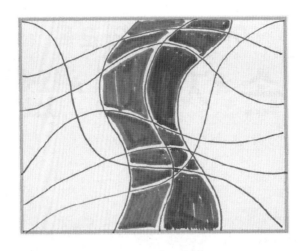

작품명 : 흐름 flow

작품명 : 충돌 collision

작품명 : 집중 concentration

#1 글쓰기

〈지속성〉 어디에서 오는가!

늘 하던 대로하는 아이들이 늘고 있다.
아침에 일어나면 학교에 가고
학교가 끝나면 학원에 가고
학원이 끝나면 다시 집으로 온다.

1교시 듣고 적고 외우고
2교시 듣고 적고 외우고
학원에 가서 다시 듣고 적고 외우고
교사와 강사의 강의를 듣고 적고 외우는 청소년들
언제 하던 대로 하던 일을 멈출까?

익숙한 흐름을 깨는 충돌 그것에 집중할 때
아이들의 지속성을 나타나기 시작한다.

작품명 : 반사(눈의 빛) reflection

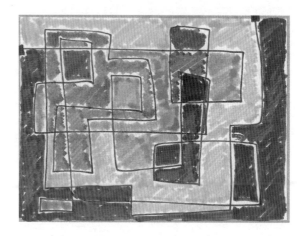

작품명 : 고정핀 alignment pin

작품명 : 팅겨냄 bounce

#2 글쓰기

실상의 상(想)을 이해하라!

따듯한 시각을 갖고 있는가!
집중하는 열정적 관점을 갖고 있는가 말이다.

내 시야에 들어오는 일상을 어떻게 이해하는가?
있는 그대로 혹은 그림자
무엇을 보고 인지하는가?

실상(實相)을 인지하는데
너무 오랜 세월로 깊이 박혀
절대로 움직이지 않는 고정핀이 있다면
튕겨낼 힘이 무엇인가에 집중해야한다.

그것이 우리의 배움이 되어야 한다.

작품명 : 위치

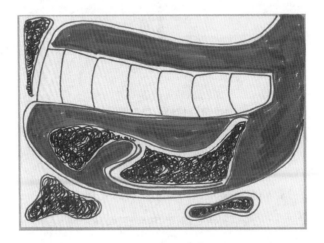

작품명 : 외워라!

작품명 : 흩어짐

#3 글쓰기

생각의 관계성을 어디서 느끼는가!

독서는 글의 이미지를 떠올려 생명력을 살려 내야한다.
외울 것인가? 그렇다면 외워라!

느끼는 감각의 지속적인 지식의 확장성을
습득할 방법이 없다면 암기 해야겠지!

천천히 아주 천천히 시간의 밀도를 느끼며 읽어라!
그래도 죽기 살기 외우는 것보다 빠르게 이해 할 것이다.

그들은 지식의 "높음"을 양으로 생각하는 틀에서 빠져나오지 못할 테니!

진정한 혁신은 보이는 것에서
느껴지는 것으로 방법을 흩트려 놓고 위치를 바꾸는 것이다.

작품명 : 흐름 flow

작품명 : 그림자 장벽

작품명 : 번개 lightning

#4 글쓰기

스스로의 생각에 갇히지 마라!

과연 누군가가 누군가를 돌볼 수 있는가!
본연의 모습이 나타나도록,
그리고 자연스럽게 흐를 수 있도록 도와줄 수 있을 뿐이다.
오직 내 생각이 옳고,
나만이 옳게 할 수 있다는 생각이 만들어낸 장벽은
상대를 가두지만,
그 그림자에 의해 스스로도 갇혀버린다.

만일 내리치는 번개를 잡을 수 있는 감각을 느낄 수 있다면,
죽어있던 나의 생명력이 다시 살아나고
진정으로 누군가를 돌볼 수 있게 될 것이다.

작품명 : 거품정보

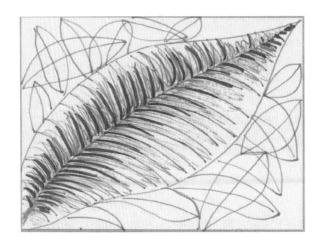

작품명 : 약한 낙엽

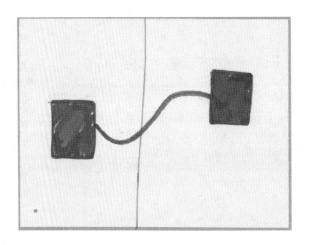

작품명 : 공간의 선

#5 글쓰기

정보의 희미함!

우리는 사이버 세상에 살고 있다.
그 세상에서 벗어난 정보를 상상할 수 없게 되었다.

크고 작은 정보들이 다닥다닥 붙어 거품처럼
세상을 떠돌아다닌다.
약한 바람에도 누군가의 저항에도
힘없이 쓰러져 색이 바래버리는 낙엽 같은 정보들.
희미한 정보를 믿고 의지할 것인가!

다른 공간의 새로운 정보들은 계속 넘쳐난다.
자기만의 정보를 연결해주는 기준과 색깔이 명확해야 할 일이다.

작품명 : 지속성과 항상성

작품명 : 불확정의 원리

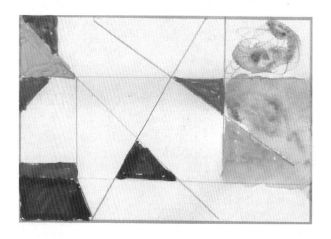

작품명 : 외딴곳

#6 글쓰기

생각의 전환은 본성에 있다!

외딴곳
일상에서 벗어난 장소는 새롭고 불확실하다.
그러나 설레임을 준다.

인간의 속성속에 있는 설레임은 지속성과 항상성을 좋아한다.

불확정성은 우리의 시각에 보이지 않지만,
분명, 현실에 존재하고 있는 외딴섬 같은 것.

현실에서 얻고 싶은 것을 얻지 못했을 때,
그것을 유지하기 위해 우리는 궁지에 몰리게 된다.
생각의 전환은 그때 본성을 드러낸다.

제시어(이슈) : 인식 realization

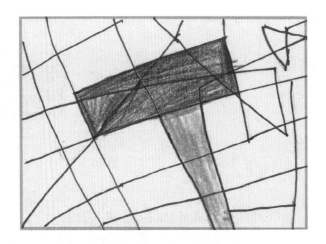

작품명 : 고정관념을 깨는 망치 hammer

작품명 : 습관의 안대 eye patch

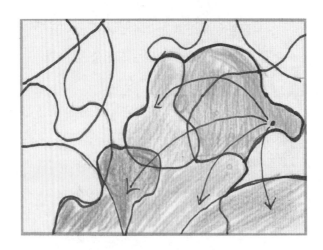

작품명 : 세상으로 advance

#7 글쓰기

깨라!

세상을 제대로 보고 싶은가요?
고정관념을 깨부수세요.
깨부술 망치는 갖고 계신 가요!
없다면 습관의 눈을 가리고 있는
안대라도 걷어내야 합니다.

고정관념이라는 단단한 틀을 부수는 노력과
우리의 눈을 감게 하는 습관의 안대를
벗어던질 수 있는 선택과 집중이 있을 때,

변두리에 갇혀있던 우리의 시선은
세상을 향해 저 멀리 뻗어나갈 것입니다.

제시어(이슈) : 용기 courage

작품명 : 정렬 line up

작품명 : 흩어짐 scatter

작품명 : 새로움 new

#8 글쓰기

새로움을 만드는 용기

우리는 일상의 삶속에
작은 것에서부터 큰 것에 이르기까지
늘 그 자리에 있어야하는 것을 잘 알고 있습니다.

그것이 그 자리를 떠나면 불안해하고
다시 제자리를 찾기위한 수고로움을 마다하지 않습니다.

그러나
우리는 잘 정돈되어 있던 그렇지 않던
흩어질 용기를 내야합니다.

그래야 새로운 것이 다가오기 때문입니다.

⠶ 제시어(이슈) : 차이 difference

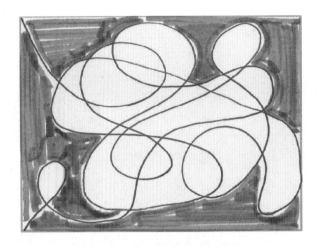

작품명 : 배경 background

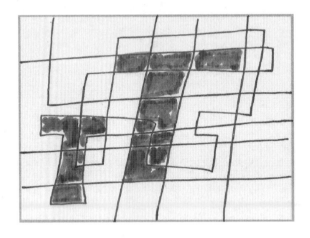

작품명 : 밖 out / 외모

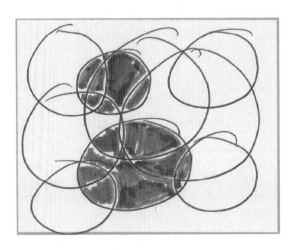

작품명 : 속 in / 심성

#9 글쓰기

차이에 대한 생각!

사람들은 종종 배경을 보는 일에 집중한다.
그 사람의 집안과 부와 학위와 직업 등

안in이나 밖out이나 같은 사람들이
우리가 보기에 빛의 균형을 갖는다.

안이 화려하고 밖이 초라하면 거칠고
밖이 화려하고 안이 초라하면 허풍스럽다.

외모야 어떻게든 만들어 낸다지만,
속으로 채워져야 할 인성과 심성은
배경으로도 밖으로 드러나는 외모로도 속하지 않음을
우리는 일 상속에 관계의 예(禮)로 그 차이를 찾는다.

제시어(이슈) : 장애 disability

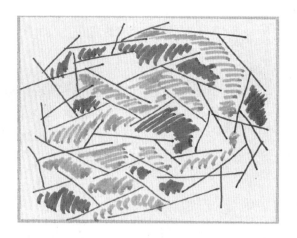

작품명 : 따라쟁이 copycat, 어울림

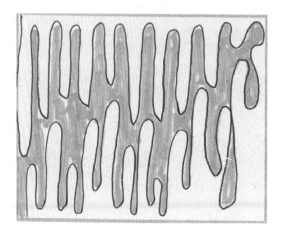

작품명 : 목젖uvula, 충고advice

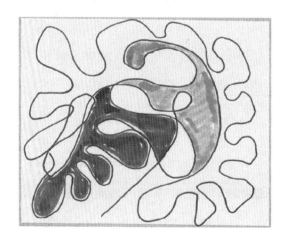

작품명 : 감동 moved, 생명

#10 글쓰기

장애가 이익을 만들어 낸다!
감동을 따라하는 목젖

아이펀 창의교육센터 서양철학 독서모임 헤라클레이토스의 두 번째 경구
'장애가 이익을 만들어낸다'에서는 <하던 대로 하지마라>라는 소주제로
사색에 대한 인문학적 사고를 시작한다.
우리 사회에서 점점 사라져가는 것들 중 하나는 어울림이 아닌가 싶다.
청소년들은 누군가의 말을 듣고 흉내를 내거나 따라하는 것에 익숙해져만 간다.
가정에서도 학교에서도 직장에서도 정해진 틀 속에서 내려진 미션에 의해 어떤 기능을 할 때,
편안해하며 자신의 능력을 발휘할 때가 많다.

성인이 되어서도 결국 책속에 리더십과 지식에 자신을 맞추는 일들에 집중한다.
누군가를 따라하는 것은 진정한 어울림을 가질 수 없다.
내 생각과 내 의지와 내가 있어야하는 본질은 누구도 따라할 수 없는 것이기 때문이다.

무엇인가 따라만 할 때 우리에게 장애가 온다.

Fair Start for Children

스스로 생각할 수 있는가!

아이펀 창의교육

손*자*병*법

36계의 전략이야기

미래인재를 키우는 아동*청소년 창의독서코칭

만(瞞)천(天)과(過)해(海)

속일 만/하늘 천/건너갈 과/바다 해

제1계 - 하늘을 속이고 바다를 건넜다!

당나라 태종이 바다가 무서워 배 타는 것을 싫어하자, 장사귀 라는 사람이 거대한 배를 만든 후, 거기에 흙을 깔고 집을 짓고는 "여기는 육지입니다."라며 태종을 초대해 잔치를 베풀어 흥겹게 노는 사이, 바다를 건넜다.

위(圍)위(魏)구(救)조(趙)

포위할 위/위나라 위/구할 구/조나라 조

제2계 - 위나라를 포위하여 조나라를 구했다.

위나라가 조나라의 수도를 공격했다. 조나라는 동맹국인 제나라에 구원을 요청했다. 제나라는 즉시 군대를 보냈으나 위나라와 조나라가 싸우는 전장으로 보낸 것이 아니라 위나라의 수도로 보내어 공격했다. 즉 위나라를 포위 공격하는 전술로 위나라군을 분산시켜 공격하고 승리함으로서 조나라를 구했다.

차(借)도(刀)살(殺)인(人)

빌릴 차/칼 도/죽일 살/사람 인

제3계 - 칼을 빌려 사람을 죽인다.

공자의 제자인 자공은 노나라를 공격하려는 제나라의 계략을 알고, 제나라의 내부를 혼란시켜 오나라와 전쟁토록 만들었다. 즉 제나라가 노나라를 공격할 여력이 없게 만들었다.

이(以)일(逸)대(待)로(勞)

써 이/숨다 일/기다릴 대/지칠 노

제4계 - 숨어서 지치기를 기다린다!

후한시대 반란군이 협서성의 진창을 공격하였다. 그러나 원군의 황보숭은 "진창이 쉽게 함락되는 곳이 아니다."라고 판단하고 반란군이 피로할 때까지 기다렸다. 반란군이 치쳐서 스스로 철퇴하기 시작했다. 그 기회를 놓치지 않고 공격하여 괴멸시켰다.

진(趁)화(火)타(打)겁(劫)

뒤쫓아 갈 진/불 화/칠 타/위협할 겁

제5계 - 불났을 때, 겁주어 치라.

제나라는 한나라와 손을 잡고 연나라를 공략하려 하였으나, 옆 나라인 조나라와 초나라의 방해로 할 수가 없었다. 그런데 그 때 한이 진과 위에게서 공격을 받았다. 당연히 동맹국 인 제는 한을 구원하러 가야하는데도 가지 않았다. 한편 조, 초 두 나라는 한나라가 명망 하면 다음은 진과 위가 자기들을 공격할 것이라고 생각하고 참전했다. 즉 한, 진, 위, 조, 초 5국간의 전쟁이 벌어졌다. 그 틈을 타서 제는 재빨리 연을 공략했다.

성(聲)동(東)격(擊)서(西)

소리 성/동녘 동/칠 격/서쪽 서

제6계 - 동쪽에서 소리 지르고 서쪽을 치라!

한나라의 말기 주준이 황건적을 포위하고 성의 남서쪽에 흙 가마니를 쌓고 큰 북을 치며 공격하는 척하였다. 이에 황건적은 전군을 그 쪽으로 향하게 하였다. 그 틈을 타서 주준 은 동북쪽으로 쳐들어갔다.

무(無)중(中)생(生)유(有)

없을 무/가운데 중/생활 생/있을 유

제7계 - 있어도 없는 것처럼 보여라!

후한시대 손견은 유표가 다스리는 강하성을 공격했다. 그러나 성의 수비가 강하여 성과가 없자. 화살을 허비하게 하는 계책을 썼다. 매일 밤, 많은 소선에 등불을 커고 적의 성에 접근시켰다. 강하성의 성주 황조는 그 때마다 공격해 오는 것으로 알고 화살을 퍼부었다. 그러다가 7일만에 아무도 타고 있지 않다는 것을 알게 되었다. 그러자 그 다음 날은 그 배들이 와도 구경만 하고 있었다. 그런데 그 배들에는 많은 군사들이 타고 있었으며 결국 성을 함락시켰다.

암(暗)도(渡)진(陳)창(倉)

어두울 암/건너갈 도/진창 고을이름

제8계 - 암암리에 진창으로 건너가다!

한나라의 명장, 한신은 촉에서 공격해 나올 때, 파괴된 잔도[9]를 수리하는 것처럼 우회하여 진창으로 진격하여 적의 허를 찔렀다.

격(隔)안(岸)관(觀)화(火)

사이가 떨어질 격/언덕 안/볼관/불화

제9계 - 건너편 언덕의 불을 구경한다!

삼국시대, 원상 등은 조조에게 패하여 요동의 공손강에게 도망쳤다. 조조는 이를 추격하다가 <공손강을 공격하면 원상과 손을 잡을 것이다>라고 생각하고 군을 되돌렸다. 그러자 애당초부터 원상을 두려워했던 공손강은 원상 등을 베어 조조에게 보냈다.

---

9) 산과 산 사이에 걸쳐놓은 다리

소(笑)리(裏)장(藏)도(刀)

웃을 소/속 리/숨길 장/칼 도

제10계 - 웃음 속에 칼을 숨긴다!

부드러운 외형에 강한 내면을 숨기는 것이다. 손자는 말했다. 적의 태도가 겸허 하면서 병을 증강하고 있는 것은 공격을 하려는 것이고 갑자기 화평을 말하는 것은 다른 계략이 있기 때문이다.

이(李)대(代)도(桃)강(僵)

자두나무 리/대신할 대/복숭아나무 도/쓰러질 강

제11계 - 복숭아나무 대신 자두나무가 죽었다.

옛날 복숭아나무 옆에 자두나무를 심었더니 복숭아나무에 덤벼들었던 해충들이 자두나무에 덤벼들어, 자두나무를 죽였다 한다. 즉 자두나무가 복숭아나무를 대신하여 죽었다는 말이다.

순(順)수(手)견(牽)양(羊)

순할 순/손 수/끌어당길 견/양 양

제12계 - 기회에 순응하여 손으로 양을 끌어 왔다.

옛날 어느 양치기가 양떼를 몰고 가다가 좁은 길에 들어섰다. 그 때 나그네 하나가 지나가다가 잠시 그 속에 휩싸였다가 나타났는데, 그 손에 한 마리의 양이 끌려져 있었다. 그러나 너무도 당당하였기에 양치기는 눈치 채지 못 했다. 나그네는 "기회에 순응하여 양을 끌고 달아났다."는 말이다.

타(打)초(草)경(驚)사(蛇)

칠 타/풀 초/놀랄 경/뱀 사

제13계 - 풀을 쳐서 뱀을 놀라게 한다.

옛날 당나라 때, 어느 오리(汚吏)의 비행을 보다 못한 민중이 대가 고발장을 제출했다. 이에 놀란 오리는 "저들은 풀을 친 것이지만 나는 뱀처럼 놀랐다."고 한다.

차(借)시(屍)환(還)혼(魂)

빌릴 차/죽음 시/돌아 올 환/넋 혼

제14계 - 남의 시체를 빌려 넋이 돌아왔다.

원곡선(元曲選)이라고 하는 시(詩) 속에서, "죽은 여성이 남의 시체를 빌려서 혼을 되돌려 살아났다."는 말이다.

조(調)호(虎)리(離)산(山)

길들일 조/호랑이 호/떼놓을 리/뫼 산

제15계 - 호랑이를 길들여 산에서 떼어 놓는다.

손자는 말했다. 성을 공격하는 것은 하책(下策)이다. 적에게 유리한 지역에서 싸우는 것은 스스로 패배를 자초하는 것이다. 산은 호랑이의 거처이다. 호랑이에게 절대로 유리한 곳이다. 그러니 호랑이를 산에서 유인해내어 잡으라는 것이다. 즉 "적을 적에게 유리한 지역에서 불리한 지역으로 유인해 내어 치라는 것이다." 그러나 적도 불리한 지역으로 나오려고 하지 않을 것이니, 적이 나오지 않으면 나오게 만들라는 것이다.

욕(欲)금(擒)고(婟)종(縱)

욕심낼 욕/사로잡을 금/잠시 고/놓아줄 종

제16계 - 잡으려거든 잠시 놓아 주어라.

오나라 손권은 맥성(麥城)의 관우를 공격할 때. 성의 북쪽 험한 소도를 일부러 비어 놓았다. 관우가 그 길로 도망치게 한 후 잡기위한 함정이었던 것이다. 관우는 그것도 모르고 그 길로 도망치다가 잡히고 말았다 한다.

포(抛)전(塼)인(引)옥(玉)

던질 포/벽돌 전/끌 인/구슬 옥

제17계 - 벽돌을 던져서 옥을 끌어온다.

옛날 흉노와 한(漢)이 전쟁 할 때, 한의 군대에 많은 동사(凍死)자가 발생했다. 그런 어느 날 "흉노가 갑자기 퇴각하였다."는 정보가 들어왔다. 그러자 한에서는 "흉노도 동사자가 발생해서 퇴각했을 것이다."라고만 생각하고 추격하려 하지 않았다. 그러나 그것은 "한을 방심케 한 후 공격하려는 흉노의 계략이었던 것이다." 한(漢)은 그런 것도 모르고 방심하고 있다가. 흉노의 대군에게 역습을 당했다.

금(擒)적(賊)금(擒)왕(王)

사로잡을 금/도둑 적/사로잡을 금/임금 왕

제18계 - 도적을 잡으려거든 임금부터 잡아라.

"장(將)을 잡으려거든 그가 타고 있는 말을 쏘라." "도적집단 전체를 잡으려거든 먼저 그 두목을 잡으라."하는 말이다.

부(釜)저(底)신(薪)추(抽)

솥 부/밑 저/땔나무 신/뺄 추

제19계 - 솥 밑에서 나무를 빼낸다.

"타는 장작을 꺼내어 끓는 것을 멈추게 한다."는 뜻이며, "풀을 베어내고 뿌리를 캐낸다."하는 말이다.

혼(混)수(水)모(摸)어(魚)

섞을 혼/물 수/찾을 모/고기 어

제20계 - 물을 섞어 고기를 찾는다.

명나라 때, 영왕이 반란을 일으켰으나, 양명은 대적할 준비가 되어 있지 않았다. 그래서 양명은 영왕의 심복 앞으로 된 "그대가 보내준 정보 잘 받았다. 그대의 충성심에 감사한다. 빨리 영왕을 속여 본거지에서 몰아내라"는 내용의 가짜 편지를 써서, 영왕군의 내부로 보내어 영왕에게 발각되도록 하였다. 이 편지를 본 영왕은 계략인 줄도 모르고 "심복이 적과 내통하고 있는 것으로 의심하고" 출진을 멈추는 사이, 양명은 군비를 갖추었다는 말이다.

금(金)선(蟬)탈(脫)각(殼)

황금 금/매미 선/벗을 탈/껍질 각

제21계 - 금매미가 껍질만 남겨놓고 알맹이는 빠져 나갔다.

송나라 때, 우세한 송군에게 이길 수 없다고 판단한 금군은 철퇴를 결의했다. 그리고는 진지에 많은 깃발을 세워 휘날리게 하고, 많은 양(羊)을 나무에 거꾸로 매달아 놓고 그 발에 북채를 묶어 놓고, 그 앞에 북을 매달아 놓았다. 그러자 양들이 발버둥을 쳤고, 그 발에 묶어 놓은 북채가 북을 요란하게 두들겼다.

관(關)문(門)착(捉)적(賊)

닫을 관/문 문/잡을 착/도둑 적

제22계 - 문을 닫아걸고 도둑을 잡는다.

옛날, 진나라 군 50만과 조나라 군 40만이 격돌하였다. 드디어 진나라 군의 계략에 의해 조나라 군의 대장이 죽고 조나라 군은 항복했다. 그러나 언제 변심할지 모르는 40만의 병사를 두려워한 진나라 군은 계모로서 모두를 생매장했다. 40만의 대군을 잃은 조나라는 이로부터 급속히 쇠퇴했다. 하는 말이다.

원(遠)교(交)근(近)공(攻)

멀 원/사귈 교/가까울 근/칠 공

제23계 - 먼 나라와는 사귀고, 가까운 나라를 친다.

진나라 소왕은 멀리 있는 제나라를 공격하려고 하였으나 가신인 범저가 말렸다. "지난날, 제나라가 멀리 있는 초나라를 쳐서 승리하고 영토를 넓혔으나 결국 잃었다. 왜냐하면 그 사이 옆의 한나라와 위나라가 군비를 증강했기 때문이다. 도적을 키우는 것과 같은 것이다."라는 말에 소왕은 옆의 한나라부터 쳐서 멸망시키고, 다시 위나라, 초나라, 연나라를 병탄(倂呑)한 후에 최후에 제나라를 공격했다는 말이다.

가(仮)도(道)벌(伐)호(鯱)

거짓으로 빌릴 가/길 도/칠 벌/물호랑이 호

제24계 - 거짓으로 길을 빌려 호나라를 쳤다.

진나라의 옆에 우나라와 호라는 작은 나라가 있었다. 진나라의 헌공은 우나라에 자기나라 국보를 보내며, "호를 치고자하니 길을 빌려 달라"고 했다. 그러자 우나라 신하인 궁지기는 "호나라와 우리는 서로 돕는 사이이며, 호나라를 치고 나면, 우리 우를 칠 것이니 거절하라"고 말렸으나, 보석에 눈이 먼 우공은 듣지 않았다. 호를 친 진나라는 수년 후 호까지 쳐서 멸망시켰다는 말이다.

투(偸)량(梁)환(換)주(株)

훔칠 투/대들보 량/바꿀 환/기중 주

제25계 - 대들보를 훔치고 기둥으로 바꾸어 넣는다.

진(秦)의 사황제는 제의 재상 후승과 그의 부하들을 매수하고, 진으로 꼬아냈다.꼬아낸 후, 그들에게는 많은 돈을 주고, 첩보원으로 양성한 후에, 제나라로 돌려보냈다. "돌아가서 진나라는 강대한 나라라고 인식시켜라"고 하였다. 그 후 진군이 제나라를 공격하였으나, 제나라 사람들은 모두가 "진나라는 강대한 나라"라고 인식되어 기가 죽어 있었기 때문에 감히 대항하려하지 않았다는 말이다.

지(指)상(桑)매(罵)괴(槐)

손가락 지/ 뽕나무 상/욕할 매/홰나무 괴

제26계 - 뽕나무를 손가락질하며 홰나무를 욕한다.

제나라가 연나라에서 공격을 받자, 사마(司馬)라는 장군이 전군을 소집했다. 그러나 왕의 총신인 장가는 기한을 넘기고 도착했다. 그러나 와의 총신인 장가는 기한을 넘기고 도착했다. 변명을 하며 왕의 도움을 청하려는 장가를 장군은 군법으로 즉결 처형하였다. 이것을 본 병사들은 떨며 통제에 순응했다는 말이다.

가(假)치(痴)불(不)전(癲)

거짓 가/어리석을 치/아니 불/미칠 전

제27계 - 바보인 척은 하되 미친 척은 하지 말라.

삼국시대, 위나라의 원로인 중달은 명문 조상에게 잘못 보여 실권도 없는 지위 에 있었다. 그는 한때 병을 핑계로 조정에 나가지 않았다. 중달의 행동을 수상이 여긴 조상은 부하에게 "병문안을 가서 살펴 오라"고 했다. 가보니 중달은 의복은 엉망이고, 죽을 흘리고, 정신이 나간 것같이 행동했다. 이것을 본 부하들은 정말 정신이 나간 것으로 알고 조상에게 그렇게 보고했다. 그렇게 해서 방심하게 해놓은 중달은 어느날 쿠테타를 일으켜 실권을 잡았다는 말이다.

상(上)옥(屋)추(抽)제(梯)

위 상/집 옥/뺄 추/사다리 제

제28계 - 지붕위에 올려놓고 사다리를 치운다.

초나라의 항우가 진나라에게 포위당한 동맹군을 구출하려고 출동했을 때, 항우는 황하를 건너자 배를 모두 침몰시키고, 3일분만의 식량만을 남기고 나머지는 버리고, 병사들의 천막도 모두 태웠다. 그리고 "3일안에 진군을 파하지 못하면 죽을 수밖에 없다."고 병사들에게 선언했다. 병사들은 결사의 각오로 싸워 진군을 격멸시켰다.

수(樹)상(上)개(開)화(花)

나무 수/위 상/열 개/꽃 화

제29계 - 나무에 꽃을 피우다.

전쟁 중, 아군의 병력이 열세일 때가 있다. 이럴 때, 타군의 힘을 빌리거나, 허수아비 군대를 많이 세워 아군을 대력으로 보이게 해서 적군을 위압하는 계략이다. 그 사이 병력을 정비하거나 철퇴하거나 하는 것이다.

반(反)객(客)위(爲)주(主)

되돌릴 반/손님 객/할 위/주인 주

제30계 - 객이 반대로 주인이 되는 계인 것이다.

항우와 유방은 각자의 군을 이끌고 진나라의 도읍인 함양을 공격했다. 그런데 소군인 유방의 군이 먼저 들어갔다. 분하게 된 항우는 유방을 죽이려했다. 그러자 그것을 안 유방은 항우에게 찾아가 사죄했다. 그리고 그 후에도 계속된 괴롭힘도 견디어 내며 세력을 키워 나갔다. 드디어 항우를 치고 한나라의 황제가 되었다.

미(美)인(人)계(計)

아름다울 미/사람 인/계략 계

제31계 - 아름다운 여인을 이용하는 계인 것이다.

오왕(吳王) 부차(夫差)에게 패한 월왕 구천은 오왕을 쳐 이기기 위해 미인을 찾아내어 오왕에게 보냈다. 월(越)은 오왕이 그 여인에게 빠져있는 사이 국력을 증강하고 드디어는 오를 쳐서 멸망시켰다.

공(空)성(城)계(計)

빌 공/성 성/계략 계

제32계 - 성을 비워, 무슨 계책을 숨기고 있는 것 같이 보이는 계략이다.

삼국시대, 위의 중달은 15만의 대군으로 촉의 공명의 성을 공격하려고 하였다. 그러나 공명의 성에는 2500의 병사 밖에 없었다. 그러자 공명은 기를 내리고 문을 개방하고 병사들을 숨기고 자신은 성의 위에 앉아 우아하게 금(琴)을 타고 있었다. 이것을 본 중달은 "저것은 무언가 계책이 숨어 있는 것이 틀림없다."고 생각하고 공격하지 않고 철수했다는 말이다.

반(反)간(間)계(計)

되돌릴 반/사이 간/계략 계

제33계 - 간첩을 되돌려 쓰라는 계략인 것이다.

초나라의 항우는 한나라 유방에게 사자를 보냈다. 유방은 사자를 마치 왕후귀족처럼 대접했다. 그리고는 직접 만나 "아~ 범증(范增)님이 보낸 사자가 아닌가."라고 하며 큰돈도 주었다. 그 사자는 항우에게 돌아와 "유방이가 범증님이 보내서 왔구나."라고 하더라고 했다. 이 말을 들은 항우는 "군사인 범증이 유방과 내통하고 있는 것으로 오해하고" 그의 제언을 듣지 않았다. 화가 난 범증은 항우 곁을 떠났고, 초나라에는 군사가 없어졌다고 한다.

고(苦)육(肉)계(計)

쓸 고/고기 육/꾀 계

제34계 - 육식을 괴롭혀 이를 얻으라는 계략이다.

삼국시대, 조조가 오(吳)를 침공했을 때, 조조군은 대군인데 비해 오의 손권군은 열세였다. 오는 조조군의 배들을 태워 없애는 작전으로 나갔으나 배에 근접할 수도 없었다. 그래서 장군의 한사람인 황개를 군율을 어겼다는 죄로 매질을 한 후, 감옥에 가두었다가 밤중에 도망치게 해서 조조에게 항복하게 했다. 조조는 이런 계략도 모르고 황개를 영접하고 그를 믿었다. 그리고는 황개가 시키는 대로 배를 서로 묶는 연환계에 말려들어 화공에 의해 대패를 당했다.

연(連)환(環)계(計)

잇닿을 연/고리 환/꾀 계

제35계 - 고리 같이 연결해 놓고 치라는 계략이다.

삼국시대, 조조는 배의 대군으로 오(吳)를 침공했다. 그러나 수상생활에 익숙하지 못한 병사들은 역병에 시달렸다. 이를 본 오는 장군의 한사람인 황개를 군율을 어겼다는 죄로 감옥에 가두었다가 도망치게 해서 조조에게 항복하게 했다. 조조는 이런 계략도 모르고 황개를 반갑게 영접하고 믿었다. 황개는 조조에게 "배를 서로 연결하면 흔들림이 줄어서 병사들이 회복될 것이다."라고 말했다. 조조는 기뻐하며 쇠사슬로 배들을 서로 묶었다. 그렇게 기동성을 없게 해놓고 오군은 화공으로 조조의 배들을 모조리 태워버렸다고 한다.

주(走)위(爲)상(上)

달릴 주/할 위/위 상

제36계 - 도망치는 것이 상책이다.

한나라의 유방은 항우의 강력한 군대에게 계속적으로 패배를 당했다. 그러나 싸움에는 지면서도 보급로만큼은 항상 확보하면서 도망 다녔다. 그 결과 전술적으로는 지고 있었으나 전략적으로는 포위망을 구축해 나갔던 것이다.

창의인문독서를 통한 자기글쓰기

지피지기(知彼知己) 백전불태(白戰不殆)
적을 알고 나를 알면 백번을 싸워도 위태롭지 않다.

안녕하세요.
아이펀 창의교육센터입니다.

40주의 논어 모임을 마치고
2017년 손자병법 독서모임을 시작합니다.

공자와 다르게 춘추전국시대를
다른 관점으로 공략했던 손무의 이야기는
현대를 사는 젊은이들에게 좋은 병법의 처세를 알려주지요.

인간심리와 다스림 속에 창의적 지혜를 함께
나누게 될 시간들이 벌써 기대가 됩니다.

[아이펀 창의독서교육 모임]

손자병법 창의인문독서코칭 토요반

매주 토요일 오전 10시 30분 / 오후 13시~

다양한 관점과 본질의 사고의 유발로
나누게 될 손자병법으로
남다른 관계성의 소통을 시작해
보시기 바랍니다.

#01 시선

보이는 것 뒤에 존재하는 것

#02 시계편 - 어떤 타이밍으로 시작할 것인가!

세상은 빠르게 변한다.
지식도, 교육도, 사업도~
변하지 않는 것을 찾기 어려울 정도다.

그 변화의 싸움 속에서 어떤 전략을 가져야하는가!

춘추전국시대 70개국의 나라들이 뒤엉켜 싸우던 패도정치 시대에
불확실성에 대한 명확함을 전략으로 준비해야할 것이다.

우주의 원리와 구조의 두 점
시간 &공간
손무의 모든 전략도 이것을 벗어날 수 없다.

찰(察)하라!
백성의 행복과 아픔을 ~
국가의 존망과 영광을 ~

엄(嚴)하라!
장교는 장수를 사랑하고 용기를 북돋으며
엄하지만 인仁함을 갖춰야 한다.
외우는 병법만이 아니라.
현장을 완전히 장악하는 산전수전을 겪어야
실력 있는 엄한 장군이 되리라.
자기의 것에 몰입하고 최선을 다하는 답을 찾아야 할 것이다.

세(勢)를 만들어라!
내게 유리한 상황과 시스템을 만들면서 기세를 누리기 시작하면 거칠 것이 없다.

결국, 공간을 휘게 하는 세를 만들고
어떤 타이밍에서 찰(察)할 것인가! 엄(嚴)할 것인가!

이것이 손자병법 계(計)의 시작이라!

#03 질문

마르지 않는 진리의 샘

#04 본질은 숨어있다!

내가 가야할 길,
나를 따르는 장수들과 함께 가는 길.

나아감에는 원칙이 있다.
이 원칙에는 항상 본질이 숨어있다.

그러나 잘 보이지 않고
그 의미를 알지 못할 때가 더 많다.

나는 나아가야할 내 길에
본질을 보는가!

왜 그것을 봐야하는가! 묻는다.
나를 진정 사랑하는가!
나를 따르는 백성을 사랑하는가!
이 조국을 사랑하는가!

그렇다면 생명과도 같은 그 길에
작은 의미도 놓치지 않는
창의인문독서 코치가 되야 겠지!

#05 믿음시각

보여서 믿어지는 것도 있고
마음으로 믿어서 보여 지는 것이 있습니다.

#06 지금

지금 뛰지 않으면
곧 걸을 수도 없게 된다.

좋은 것들과 나쁜 것들

좋은 것들은 허약한지라 나쁜 것들에 쫓겨 하늘로 올라갔다.

그러자 좋은 것들이 어떻게 해야 사람들에게 갈 수 있겠는지 제우스에게 물었다.

제우스가 좋은 것들에게 이르기를,

사람들에게 다가가되 한꺼번에 몰려가지 말고 하나씩 가라고 했다.

그리하여 나쁜 것들은 가까이 사는 까닭에 늘 사람들을 공격하지만

좋은 것들은 하늘에서 하나씩 내려와야 하기 때문에

드문드문 사람들을 찾아가는 것이다.

인간의 주변에는 좋은 것들이 약하게 존재하는 세상에 살고 있다.

인간을 잘 아는 제우스는 나쁜 것이 강하도록 많은 유혹을
나약한 인간주변에 강하게도 둘러놓았다.

인간 세상에
좋은 것들은 왜 그리 약해졌을까?
나쁜 것들은 왜 그리 강해졌을까?

나에게 좋은 것인데 약해진 것이 무엇인지
생각해본다.
나에게 나쁜 것인데 강해진 것이 무엇인지
생각해본다.

정리된 마음은 우리에게 숨어있는 본질을 찾게 해준다.
그 묵상이 결국
나쁜 것들을 이겨내는 전략이 될 것입니다.

치열하게 생각하고 1%의 작은 유혹에도 흔들리지 않는
온전함의 전략을 갖게 되기를 기대합니다.

#08 왜 꿈꾸지 못하는가!

왜 비전을 찾지 못하는가?
꿈과 비전을 어떻게 집중하고 선택할 것인가?
지금의 한국교육은 왜 이것을 이끌지 못하는가?

일상의 질문들은 책속에서 끄집어낸다.
그러나 우리는 그것을 일상에서 시각화시켜 소통시키는데
어려움에 빠져있다.

리딩을 통해 지식을 구조화하는 일,
일상속에서 그 실체를 찾는 일,
그것을 현실로 만드는 일.

이 땅의 청소년과 청년들이 머뭇거리지 말고 지금 해야 할 일이다.

그것을 찾게 친구가 되어주는 활동가치,
미래리더들의 나눔 실천을 통한 꿈과 비전을 성장시키며 방향성을 제시하는 것,
그것이 아이펀의 뜨거운 심장이 될 것이다.

#09 나의 스승

추운겨울,
누추한 방에 단정히 앉아 반딧불 아래에서 정신을 집중하고
책을 읽어 나갔으며

더운 여름,
사방을 뛰어다니며 뜨거운 태양아래서
땀 흘리며 사람들에게 가르침을 베풀고

맑은 가을날,
천천히 강가를 거닐며 시원한 바람 맞으며 괴롭게 우주와
인생을 사색하며

따뜻한 봄날에는
꽃밭에 앉아 은은한 봄빛 속에서 시구절과 음악의 이치를 자세하게 연마하던
나의 스승.....

#10 절묘한 템포는 절대 타이밍에서 나온다!

손자병법 1장 시계편에는 '전쟁이란 무엇인가?'를 묻는다.
이는 국가의 흥망이 달려있고 백성을 위한 일이라 그 의미가
막중하여 잘 살펴야한다고 말한다.

무엇인가 잘 관찰하려 할 때, 우리는 어떤 것을 고려해야하는가!
해로움과 이익, 좋은 것과 나쁜 것, 공격과 수비,
모두가 절대 타이밍을 요구한다.
절묘한 타이밍을 갖기 위해 우리는 무엇을 찰(察) 해야 하는가!

내 몸이 갖고있는 템포를 잘 읽어야 한다.
생각과 행동이 남보다 빠른가. 혹은 느린가.
주변 환경에 적절한 탬포인가 말이다.
그 리듬이 세상의 이김을 주는 내 전략이 되어야 할 것이다.

우리는 공격해야할 때, 뒤로 물러서서 후퇴하는 일로 타이밍을 쓰고 있지 않는가!

#11 헤아림의 시작

전쟁이 시작되었다.
The Art of War 손무의 병법, 참으로 그 깊이가 종잡을 수 없다.
여유 공간의 사고가 요동치며 생각이 자리를 잡기도 전에 달아나버리고
와~ 공자 때와는 전혀 다른 맛이네~

익숙하지 않은 사고의 소통들이 너무도 즐겁다.
처음 시작할 때의 드러난 어설픈 사고들, 아직 향기를 찾지 못한 코칭들.

전쟁전, 우리는 무엇을 헤아려야하는가!
헤아림을 배우지 못한 우리들.
당황하며 답을 끄집어내기 시작한다.
조금씩 본질을 찾아야겠지.

함께 동행하는 동지들이 있어, 기쁘다.
일상의 직면에서 밀리면 더 이상 물러날 때가 없음을 인정하며~

#12 손자병법, 신뢰의 전쟁을 시작하다!

왜 우리는 손자병법을 읽으려하는가!
리딩으로 어떤 직면을 꿈꾸는가!

아이펀 창의교육센터에서 동양인문독서모임.
손무의 병법이야기가 시작되었다.
2천5백년간 전세계 최고의 병법서로
무성이라 칭해온 손무의 5천9백자 이야기.

지난해, 공자의 논어를 습한 이후
손무를 안정되게 받아들이는 모습이다.

업그레이드된 허니버터 감자스틱
60%의 코코아 블랙초코렛의 맛처럼
몸서리치게 기대되는 손자병법 토요 독서모임.

인간과 전쟁, 심리와 조직운영,
생각과 말로 나타나는 8가지의 행동,
시&공간을 이해하는 후두엽의 기능 지(知)
왕과 신하, 백성을 다루는 전두엽의 도道
음양의 조화 뜨거움과 찬 것을 다스리는 천(天)
용기와 지식과 엄함과 사랑의 장수의 본
전쟁의 전후를 다스리는 조화로운 법(法)

율법처럼 지식으로 알게 마시고
마음으로 유연하게 볼 수 있는
관계속 믿음의 연결고리처럼
통찰력으로 습득케하시면

타인과 세상을 위한 성장의 전쟁이 시작되겠지요.

#13 좋은 것들과 나쁜 것들은 찰(察)로 드러난다!

눈eye이 중요한 나라에 멋진 눈을 가진 정면이는

한발 물러서 다른 시각에서 찰해보면 정말이지 아슬아슬하게 매달려있는
<아롱아롱 눈>를 갖고 있습니다.

어느 세상에서는 강하고 유혹temtation적인 정면이의 입은 가끔
참으로 위태로운 데롱이 눈이 되기도 합니다.

완전히 판을 바꾸는 통찰력을 갖게 되면 우리에게 눈으로 냄새를 맡고
사람의 생각을 보게 하는 소통을 가능하게 합니다.

빨간 입술을 가진 매혹적인 모습들이지만.
어떤 말을 하느냐에 따라 튀어나온 입이 되기도 하고 모난 입이 되기도 합니다.

훌륭한 장수가 그렇습니다.
전쟁주변을 잘 살펴야하고 지혜로운 말들로 세를 만들어야합니다.

우리의 일상이 그렇습니다.
눈으로 잘 살피고 입으로 배려하면

주변에 좋은 것들로 채워지는 유리한 형세를 갖게 될 것입니다.

#14 이솝우화 - 못생긴 여자노예와 아프로디테

못생긴 여자노예와 아프로디테

못생기고 성질이 고약한 여자 노예가 주인의 사랑을 받았다.
그녀는 주인이 준 돈으로 반짝이는 장신구들을 사서 몸을 치장했고
자기 여주인과 경쟁하려 했다.

그녀는 아프로디테에게 늘 제물을 바치며 자기를 아름답게 만들어달라고 기도했다.
그러나 아프로디테가 꿈에 나타나 여자 노예에게 말하기를
자기는 그녀를 아름답게 만들어줄 생각이 없노라고 했다.

너 같은 것을 아름답다고 생각하는 그 남자가 밉고 괘씸하기 때문이지

못생긴 여자노예
그러나 주인의 사랑을 누리는 축복
그 축복에 경쟁해야하는 여주인

미의 여신인 아프로디테는
어리석은 미의 경쟁이 맘에 안 드는지
남자를 미워한다.

사람의 미움과 의심 아름다움은
결국 하나의 마음이다.

사람의 마음을 보고 싶은 가!
포기하라~
먼저 자신의 마음부터 정리하라!
어떻게 ~ 아름답게~

#15 공간시각

공간의 기능을 어떻게 바라보고 인지할 것인가!
내가 바라보는 가장 작은 공간은 무엇인가!
인문학적 사고의 전환을 위해 공간 쪼개기 작업을 시작한다.

#16 재미란 무엇인가?

토요 독서모임이 60주차를 넘어선다.
이젠 토요독서모임에
모습이 보이지 않으면 궁금하고 묻게 된다.

하나둘씩 모인 멤버들은
일상의 소소한 이야기를 깊게 나누는
편안한 벗이 되었다.

어제는 살아오면서 큰 재미를
느낄 수 없었다. 라는 문장으로 시작된
토론이 2시간 이어졌다.

현대인들이 치열하게 빼앗기지 않으려
싸워 지키고 생성시켜야하는 재미.

그 싸움의 병법이 참으로 즐겁다.

인문독서로 얻게 된 즐거움 두가지
첫째, 글속 의미를 사고의 전환으로 적용하는 것
둘째, 말의 들음이 말할 수 없는 재미란 사실.

내 일상에 재미에 대한 사유와 정의가
정리되어 있나요?

그렇다면 이제
그 정의에 맞는 일들을 찾고 시작해보세요.
곧 재미와 즐거운 삶이 시작되겠지요.

#17 배움의 도(道)

배움의 도는 우리 일상에서 잠시도 떠나지 않는다.
만약 떠날 수 있는 사유가 있다면
그것은 도라 말할 수 없다.

보이지 않는 곳에서 더 열심히 자신을 다스려야하는 이유이다.
숨은 것처럼 잘 드러나는 것이 없기 때문이다.

배움의 도를 걷지 않는 사람은 캄캄한 어둠속 길을 가는 것과 같다.

마음을 숨기고
말을 숨기고
행동을 숨긴다.

어둠속에서 숨기는 것이 가능하다고
생각하는 사람들의 착각이
바르지 않음을 만든다.

환한 빛을 가진 군자는 모두가
그의 행동과 마음 씀을 알고 있으며
착각이나 바르지 않음은 없게 된다.

#18 공간을 알고 싶다!

메를로퐁티의 현상학을 공간 혹은 건축에 적용할 경우
공간은 기하학적 공간 이전에 체험된 공간이 선행한다.

이는 일상의 체험공간 혹은 현상적 공간창출에 주목한다는 것인데.

일상의 공간은 중립적인 공간이 아니라.
항상 의미가 탄생하는 공간이며 단순한 경험이 아닌 몸을 바탕으로
한 지각활동에서 비롯된다.

창의적인 공간 지각 경험이라는 것인데.
나는 공간속이 머무는 기존의 패턴을 거부하며 쪼갤 수 있는 가장 작은 공간에
철학적 본질사고를 만들고 형태를 깨버리는 융합사고를 넣어
세상과 소통하는 사람들의 트랜드를 읽어내는 교육을 만들려하는 것이다.

#19 모든 배움에는 특별함이 있다!

모든 배움은 특별하다.

배움의 공간은 익숙한 개념을 기반에 둔다.

특별함이 익숙해지는 익숙함이 특별해지는 배움

낯선 개념의 사고생성이 새로운 Tool을 만들어내는 창의공학

그 배움에는 모든 것이 특별해진다.

#20 지혜의 생성

내 생각의 크기,
원형을 아는 것은 중요하다.

외부의 자극에 변화하는 우리는 초심을 잃는 것이 아니라.
진화하는 것이기 때문이다.

진화의 차이를 아는 것, 그것이 곧 지혜고 앎이다.

#21 군자의 배움

배움은 즐거운 것입니다.
독서에서 시작되지요.
그러나 독서만 갖고 되더이까.
관계를 맺는 행함이 있어야겠지요.

그것이 아이펀 창의독서교육 교사의 핵심가치.
우리는 타인의 성장에 기뻐하는 그 나눔으로 공자보다 더 학(學)과 예(禮)와 지(知)를 실천하는 일상을 갖게 될 것입니다. 오늘 또 그 씨앗을 세상에 심게 되어 너무도 기쁘고 설레입니다. 앞으로 나눌 그들의 나눔이 말입니다.

#22 어떤 삶의 성취를 묻는가!

기쁨으로 그 마음에 배움을 채우는 자는 지혜로운 자이니.
그 머리에 칭찬이 가득하며
스스로 행할 일들이 무엇인지 아는 평안함의
통찰을 누리게 된다.

그 통찰은 허다한 허물을 가리며,
어떤 것에든 자족하는 삶을 생성시켜준다.

기쁨으로 채우지 못하는 공간,
악인의 근심이 올 텐데.

부끄러운 입의 독으로 맺는 관계는 사랑을 썩게 만드는 드러냄으로
죄스러운 삶을 만든다.

말은,
우리의 생각속 느낌을 소리로 만들어
입을 통해 표현하는 것인데.
말만 잘하는 사람이 있고 입술의 말로 행함을 채우는 사람이 있다.

믿음의 배움이 어떤 결과를 냈는가?

오늘,
나는 일상에 무엇을 소통하며 생성시키는 입술을 갖고 있는지 묻는다.

#23 혼돈과 공허를 아는 지혜

일상의 고통과 즐거움은 타인이 참여할 수 없는 내마음속에 있습니다.
내마음속을 무엇으로 채울 것인가를 배열로 생각해 봅니다.
혼돈과 공허를 빛으로 먼저 채우시고 어둠을 알게하신 창조주.

하루의 일상,
세상에 빛이 되는 마음 먼저 채우게 하소서

#24 내 공간의 지혜, 언제 알게 되는가!

공간속에 존재하는 사물의 지각을
우리는 어떻게 배워야하는가!

손무는 병법 허실편에
미세하여 형체도 없이 다가가고
귀신같아 소리도 없이 다가가면
적군의 생명을 주관하게 된다 말했다.

전쟁의 공간에 위치한 것들에
유리한 세를 형성하기에
예측가능한 지식만을 가졌다면
그것은 최고의 지식이 아니다.
곧 죽음이란 뜻이다.

오늘, 우리는 소소한 일상에 다가오는 공간속에
어떤 형체로 전쟁에 대비하고 있는가!

보이지 않는 지혜로
예측 불가능한 해결사유를 갖기 바란다.

사랑하는 지인 한분이
일생을 치열하게 살다가 열매를 이뤄놓고
시골에 내려가 타인과 세상을 위한
집을 짓기 시작하였다.

잠깐 외출을 나간사이 채워진 공간의 관계성은

2,500년전 죽음을 의미하던 지혜가
현대에는 행복을 느끼게 하는 삶으로 적용된다

내가 비운 그 자리에
어떤 것이 채워지고 있나 집중할 일이다.

#25 원칙과 변칙의 활용

삼군지중, 가사필수적이무패자, 기정시야
三軍之衆, 可使必受敵而無敗者, 奇正是也

아무리 많은 군사를 가졌어도 전쟁에 패할 수 있다.
원칙적이라면 이겼어야할 상황이 뒤집힌 경우라면 통상 변칙을 생각한다.

우리는 명확하고 안정적이며 정확한 계획들과 선택에 집중한다.

그러나 아니러니 하게도 일상에 위배되어 보이는 일들이 너무도 많이 일어나는 오늘날!

변칙은 누구나 쓸 수 있다?
O~ No

늘 연습하고 훈련해온 익숙한 병법을 뒤로하고 다른 방법을 택한다는 것은
이미 그 변칙마저도 익숙하게 준비해온 사람만이 내릴 수 있는 결정이다.

요행을 바라는 변칙은 불안하다. 승산은 50:50~
지속성은 더 떨어진다.

선명한 색과 라인을 좋아 늘 선호하지만, 복잡한 선을 통해 나오는 추상적인 의미들은
일상의식에서 내가 갖고있는 원칙을 넘어선 무의식의 귀한 변칙창조물을 생성시켜준다.

그것이 더욱 나의 호기심을 자극하고 앎에 대한 욕구와 집중력을 갖게 한다.

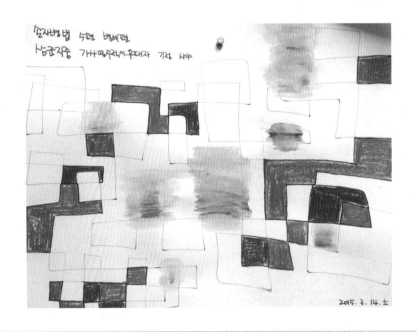

#26 침묵소통

손무는 전쟁에서 승리의 조건으로 5가지 요인을 말하였다.

그것은 도(道) 천(天) 지(地) 장(將) 법(法) 이다. 관계의 지혜를 뜻하는 도(道), 하늘의 기상을 뜻하는 천(天), 지리적 이로움을 말하는 지(地), 통솔하는 지휘자의 장(將), 조직과 규율에 필요한 법(法)이다.

손자병법의 인문독서모임을 시작한지 1달이 되어간다. 그런대로 어려움 없이 이해할 수 있는 말들이다. 그러나 깊게 와 닿지 않는 것들이 있다. 그중에 지리적 이로움을 뜻하는 지(地)가 그렇다.

2016년 2월 마지막 주에 시애틀에 문화탐방차 2주정도 방문을 하였다. 일정 때문에 차를 랜트하고 운전을 하게 되었는데. 그전까지만 해도 관광버스나 지하철을 이용하여 탐방을 하였지만 이번에는 운전을 해야겠다는 생각에 국제면허도 준비하고 마음을 먹었었다. 나름 한국에서는 20년 동안 무사고 운전으로 자신감도 있었고 쉽게 생각한 것이 있었다.

시애틀의 시내운전과 포틀랜드를 잇는 고속도로까지 600km를 넘게 운전을 하며 목적지를 찾아다녔다. 그러나 고속도로에서는 출구를 잘못 나가 다시 돌아오기를 반복하였고 포틀랜드 시내의 유명식당을 찾기 위해서는 몇 번의 다리를 왔다갔다 해야했다.

무조건 멈춰야하는 STOP 표지판, 이후 온 순서대로 한 대씩 차례대로 가야하는 규칙을 자꾸 잊어서 먼저 가버리는 실수를 한다. 어떤 고속도로 진입로는 오전에는 나가는 길이고 오후에는 들어오는 길이란다. 좌회전과 우회전이 한국보다는 자유로운 미국, 조금은 운전이 다르겠다는 생각이 든다.

엠블런스가 울리면 그 동일차선에 차들은 차선 우측으로 양보하는 것은 알고 있었으나 반대편에서 오는 엠블런스 차까지 멈춰야한다는 것은 처음 안 사실이다. 반대편 엠블런스 때문에 앞차가 멈춰선 것인데 추월해서 지나가버린 내 운전과 함께 아찔했던 순간들이 여러 번 있었다. 정말 생각해보니 초보도 이런 초보운전이 없었다는 결론이다.

나는 한국에서 운전을 잘하는 탁월한 기능을 갖고 있다. 그러나 미국에서는 현지의 지형과 지형이 주는 정보의 속성들을 알지 못해 그 이로움을 갖지 못하였다. 만약 이것이 전쟁의 기술이었다면 난 미국에서 아마도 참패를 당했을 것이다.

훌륭한 장수, 인재, 직원이어도 내가 살펴야할 공간(사물의 정보)의 익숙함이 재능과 실력에 큰 영향을 준다는 손무의 병법에 직면한 여행이었다.

#27 공허를 느끼는 지혜

비어있음을 떠올려본다. 없음이 없는 것.
공간에 없음을 어떻게 개념화할까요?

이미 채워져있는 것들 속에서 하나씩 비워내면서
비어있음을 생각해봅니다.

마음속에 복잡한 생각들이 많지요.
하나씩 내려놓으며 공간 밖으로 밀어내 보세요.
비워짐을 느끼게 될 꺼예요.

결국 채움과 비움은 같다는 본질사고를 갖게 될 꺼예요.

#28 일상의 창의사고를 메모하라!

일상의 창의사고를 메모하라!

늘 우리에게 있어 왔고 태어날 때부터 주어져있음으로

깊이 의식하지 못한다면 한 번의 정리가 일생에 없을 수도 있습니다.

감각feeling만으로 행하는 이가 있고
지각receive되야 행하는 이가 있고
인지know해야 행하는 이가 있습니다.

여러분은 어떤 시작을 갖고 있나요?
결정되었으면 첫 장을 넘기시기 바랍니다.

#29 손자병법의 이미지독서코칭

손자병법 창의인문독서 토요모임 첫 주제였던 직면의 마지막 독서코칭이 끝났다.

적이라 생각한 타인을 왜곡되지 않게 바라보는 통찰력이 오늘 모임의 주제로 정리된다.
사람들은 손자병법을 전쟁의 기술이라는 병법서로 알고 있다.
그러나 읽어보니 정말 그러더이까! 시작하는 시점(시계편)에서 든 생각이지만

여러 전시상황을 제시하면서 풀어나간 인간심리학책이 아닌가 한다.
명쾌한 원칙을 좋아하지만 때로는 알 수 없는 변칙이 전쟁을 지배하는 방법이 된다.

결국 인간의 이해를 통한 승산확률을 높여가는 고도의 관계싸움이라는 생각이 든다.
오늘도 치열하게 일상의 싸움에서 자신을 표현해준 토크레 회원에게 감사한다.

#30 명쾌함

이른 비와 늦은 비를 아는 농부는 때가 차지 않았는데, 곡식에 낫을 대지 않습니다.

많은 청년들을 만나 독서코칭을 합니다.
그들의 깊은 이유를 들어야하고 그들의 때가 차지 않았음에
변화를 말할 수 없는 명쾌함을 알게 해주세요.

명쾌하지 않은 리더.
때때마다 쉬이 움직이고 갈등이 많다.
불확실하고 의심이 많아서 그렇겠지.

우리 사랑하는 리더들 신뢰하고 믿게 해주세요.

그들을 통해 내가 꿈꾸는 세상을 볼 수 있도록 치열하게 명쾌함으로 성장시켜주세요.
그리 해주실 거지요.

#31 묘한 싸움

가끔 아내와 다툰다. 더 가끔 아들과도 다툰다.
자주 싸우는 형세라면 그러려니 하는데. 가끔이라 무섭게 자기주장을 펼친다.

아들은 늘 말을 아끼며 막판에 한마디를 던진다. 그럼 억울하지만 부부는 패배를 인정한다.
많은 말을 퍼부은 우리가 이긴 듯한데. 돌아서면 기분이 진 것처럼 묘하다.
군대의 승리는 세가 결정한다. 그래서 싸움에서 내게 유리한 형세를 만드는 것이 중요하다.
그러나 무엇이 유리한 형세를 만드는지, 알지 못할 때가 많다. 아들과의 갈등에서 유리한 형세를 잡고자 엄청난 말을 던져 그물을 쳐 놓아도 번번이 완패를 당한다.
아들과 아내에게 "싸움엔 정석이 없다하여 얕은 수를 쓸 수 없고 싸움에 세는 정해져있지 않다하지만, 그 세가 내게 와주지는 않는다.
그래서 아예 말을 말자, 침묵으로 버티어도 어떤 결과는 더더욱 없다.
오히려 입밖으로 낸 말로 후회하는 형세를 만드니 본전도 못찾는 꼴.

아들의 침묵은 묘한 힘을 느끼게 한다. 얄미운 듯 조금씩 세를 만들어 예리한 날로 내게오니 말이다. 손자병법을 열심히 읽은 내가 손자병법을 알지 못하는 아들에게 때를 기다리며 겸손히 침묵하는 힘을 배워야하는 일상이 우습다.

결국, 남에게 좋다하여 내게도 좋은 것이 아닌것 그것이 전쟁의 전략임을 안다.

#32 손자병법 행군편 묵상

우리가 바라보는 모든 것에는
본질이란 것 숨어있다.

여러 징후들로 상대의 속사정을
잘 관찰하고 판단해야하는 이유이다.

우리 마음이 급하다 하여
가야할 길을 서두를 수 없듯이

한걸음씩 나아가는 데에도
원칙이 존재한다.
그래서 본질을 찰하고
나아감의 순서를 정해야 한다.

그래야 시작과 끝이 통하기 시작한다.

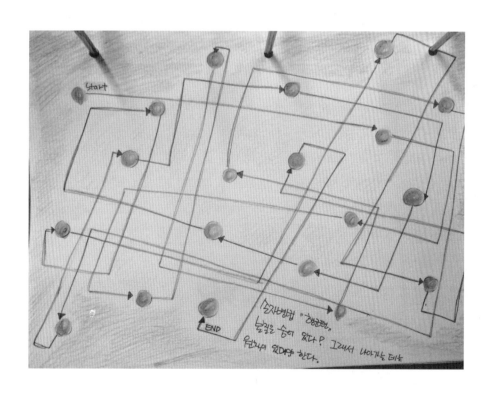

#33 직면

일상의 직면들에 대해 집중한 하루.
당신은 직면을 하면 어떤 반응을 하는가요!
가장 힘들게 하는 자신의 직면은 무엇인가요!

한계에 직면하는 질문.
그것은 단박에 나에게 곤욕스러운 경험을 주었다.
이제,
함부로 한계에 직면하는 질문을 누군가의 성장을 위해 던지지 않는다.
다만,
그 깊이를 알 수 없는 스승 같은 어른을 만났을 때를 위해 아껴둔다.

전통, 견고함.
무엇이든 해낼 수 있는 오래된 안정적 시스템.
익숙한 일상의 것.
고정된 관념.

직면을 넘어서는 약간의 용기,
그 관계성을 새해에 맺어갑니다.

오래되어 단단해진 땅을 갈아 뒤집는 귀경의 용기가 필요한 세상.

만마디 말보다 깨달음 속에 나오는 다섯 마디를 더 좋아하게 된 나.
그 다섯 마디를 끄집어내기 위해 크레아티오를 시작합니다.

상상하는 인류,
그래서 꿈을 현실로 만들게 된 인간.
그 진화하는 관계를 만듭니다.

#34 미세한 형체의 속도

미세한 형체가 보이지 않는 속도로 내게 다가올 때!

<미호미호 지어무형 신호신호 지어무성> 손자병법 허실편

미세하여 형체도 없이 다가오며 소리도 없이 신처럼 다가온다.

적이 알지 못하여 어디를 방어해야 할지
준비할 수 없는 속도로 다가온다면 그것이 적에게 혼돈을 주는 형체리라.
두렵도다. 두렵도다. 신출귀몰이여!

세변의 길이가 같은 완벽한 삼각형.
변화를 갖춰 부등변삼각형으로 변하면
예리한 꼭지점이 하나로 모이는 신기한 형체를 이룬다.

공기흐름에 따른 진동현상이 계속적으로 적을 괴롭히면
형세의 비틀림현상이 오며
결국, 거대하고 견고한 성이 무너지는 것처럼

나는 이것을 소리도 형체도 없이 다가오는 혁신의 사고입자로 정의한다.

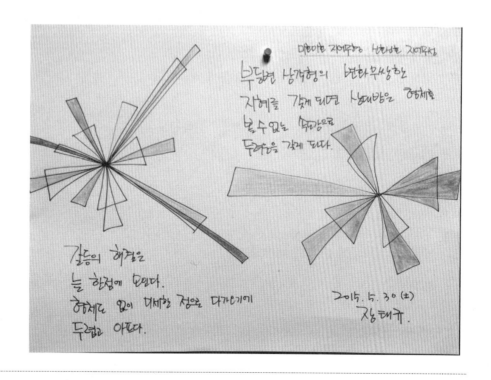

159

#35 손자병법의 컬럼이야기 - 작전편

지혜로운 장수는
적지에서 군량미를 빼앗으려 힘쓴다.
적지의 식량 1종을 먹는 것은

자기나라에서 수송하는 양식 20종을 먹는 것과 같고
적지의 사료 1석을 사용하는 것은

본국의 사료 20석을 쓰는 것과 같다.
작전편에 나오는 말이다.

적지에서 조달하는 것은 자기나라의 20배에 해당하는 것이라 한다.
우리는 어떠한 일을 하든 그 일에서 크든 작든 이익을 얻으려 한다.

그것이 물질적이든 정신적이든 이런 것을 바탕으로 다시 도전한다면
그것은 처음보다 20배에 달하는 효과를 볼 수 있다는 것이 아닐까?
물론 어떤 일을 행할 때는 그것의 본질은 잊지 말아야 한다.

당장 20배의 효과가 나타날 것 같아 기대하며
우화[못생긴 여자 노예처럼]에 나오는 여자노예의 행동처럼
주인이 자기를 사랑하는 이유가 아름답기 때문이 아니고

마음을 가꾸라는 의미인데
자신을 현란한 장신구로 치장만하며 헛된 꿈을 꾸는 것처럼 말이다.

우리 일상에는 아쉽게도 이런 여자노예가 많다.
늘 생각하고 잊지 않으려하지만, 자꾸 나를 잊게 된다.

그러기에 늘 나를 뒤돌아보는 이 시간(창의인문독서모임)이
내겐 더 없이 소중하고 감사하다.

컬럼 by 이은경

#36 갈등, 어디서 오는가!

빨리 갈 것인가!
혹은
천천히 갈 것인가!

속도감을 잃기 시작하면 장수들은 두려워하며 갈등에 직면한다.

손자병법 작전편에는 실전에 있어 확실한 병법으로 '속전속결'을 꼽는다.

주저함이 틈을 찾아 자리잡으면 지리한 장기전이 시작되고 승리는 멀어져간다.

우화 '불가능한 것을 약속한 남자'에서는
병이 들어 위독해진 농부가 자신의 생명을 걸고 신과 속도전을 펼친다.
성대한 재물, 감사의 공물로 말이다.

그러나 결국 말의 속도는 '돈'의 속도를 해결하지 못해 갈등을 드러낸다.
그럼에도 농부는 속전속결을 선택한다.

왜 그랬을까?

공간과 시간은 누구에게나 상대적이다.
급하게 처리해 이익을 보는 경우도 손해를 보는 상황도 있다.

그럼에도 우리는 속도가 생명을 주관하는 전쟁에서 선택의 갈등을 반복한다.

#37 형과 세에게 지혜를 묻는다!

전쟁터에선 일만 명을 한명 다루듯이 해야 한다.
한순간에 주위를 집중시키는 사고를 감각적으로 써야한다.

집중사고는 공간을 작게 쪼개는 감각으로 좌우된다.

작은 공간의 가치를 놓치지 않는 지혜를 갖는다면

보이지 않는 공격과 수비가 가능한 세(勢)를 통제하게 된다.

그가 바로 손자병법의 손무이며 명령의 이순신 장군이다.

어떤 것에 직면하지 않고 일상에서 기세를 갖고자 희망한다면
그것은 잘못된 병법이다.

직면하기 좋은 일들을 일상에서 찾아 도전해보는 용기를 내어보자.

[손자병법 병세와 군형편]

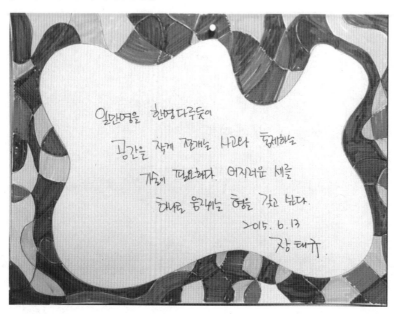

#38 믿음의 게으름이 마음을 가둘 때!

관계성의 두려움을 품고 다가온 용간편은
스스로에게 조화로운 사고를 생성시켜 사람을 부는 순서를 알게 하였다.

섬세한 믿음과 지혜로 첩자를 운용하며 다뤄야하는 전시상황 속에
감각을 열어 의미를 파악해야 비로소 전달력이 힘이 붙어 적을 움직이는
용간을 부리게 됨을 이해한다.

형체도 없이 미묘하게 다가오는 비밀들!
그 비밀이 많은 세상에 살고 있는 우리들!
판단하고 통찰하는 용간의 속성을 이해한다.

우화 소몰이꾼과 헤라클레스에서 구덩이에 바퀴가 빠진 마차를 꺼내는
게으름을 보인 소몰이꾼.

늪과 구덩이는 인간의 죄와 게으름이 흘러 고인 사지와 같은 곳,
인간을 부리고 싶은가 !
신의 신뢰를 얻고 싶은 가 !

생각의 믿음에서 게으름을 걷어내라.
내 중심성을 버리면 상대방의 중심이 이동할 것이다.

믿음의 게으름이 마음을 가둘때!

#39 숨김과 드러냄

아~ 얼마만에 나눠보는 본질 사고인가.
그대는 아는가, 이 쾌감.
소리도 없이 고요하고 보이지 않아 미세하여 혼돈스럽고
공허한 손자병법 독서모임.

마음속 답답함을 드러내놓고 숨김을 찾아야하는 사고의 치열한 앎!
그것은 참으로 일상에서 느낄 수 없는 무한 가능성의 유일한 체험.

오늘은 정보의 신뢰를 통해 전쟁의 승리를 얻어야하는
간첩활용법 용간편이다.
손자병법에 맨 마지막 장이다.

하하~ 통과한 대화의 소통, 이 시간이 소소히 즐겁다.

사랑하는 토크레 회원들~
더없는 내 배움의 벗이여.

#40 시작을 말하며 그 끝을 보는 순간

맛난 누룽지^^
매운 떡볶이에 잘 익은 수박.
달달한 순대복음
오늘은 전략을 잘 세운 듯 준비해온 음식궁합들도 참 좋다.

도, 천, 지, 장, 법, 신, 엄, 용기, 신념, 사랑(인), 지혜
손자병법을 시작하며 나오는 전략단어들이다.
감각을 열어야 보이는 것들이다.

전쟁이란 무엇인가?
나라의 흥망성쇠와 백성의 목숨을 좌우하는 전쟁에 거칠고 무서운 단어들이 아니다.
더운 여름 시원한 소나기처럼 주고받은 시계편의 대화가 마음에 남는다.

오늘 우리는 짧은 시간 손자병법을 관통하는 리딩을 하였다.

공간속에 텍스트의 생각을 넣는 기계적인 작업들이 남아있다.
아~ 이런 느낌이구나.

드디어 손자병법의 리딩 방법을 알게 되었다.
2년전 공자논어 리딩을 알았을 때의 느낌이다.

인문고전이란것이 참으로 쉽게 문을 열어주지 않지만
문이 열렸을 때는 귀한 것을 알게 해준다.
그래서 참 좋은 책이란 신념을 갖는다.

#41 경이로움

나를 찾고 세상을 바라보면 경이로움은 생성된다.

미호미호 지어무형 신호신호 지어무성
微乎微乎 至於无形 神乎神乎 至於无声。

아군의 어떤 자취도 보이지 않으니.
얼마나 미묘한가! 숨소리조차 들리지 않으니, 얼마나 신비로운가!

아무것도 간파하지 못한 적군이라면 속수무책으로 후퇴 하던가!
줄행랑이 최선책이리라.
대한민국은 빠른 유행변화와 경제발전으로 빠른 판단을 하는 습관이 생겼다.
그런대로 지금까지의 현실은 그 판단에 긍정적인 평가를 내려왔다.

그러나, 교육의 종속적 사고가 가져오기 시작한 현상들은 주체적이고 독립적인 변화를
주도해야할 시대감각과 균형을 빼앗아 홀로서는 배움에 머뭇거리게 하고
더 이상 나아가지 못하는 결과를 가져왔다.

그 배움의 머뭇거림이 미세하여 소리도 없이 아동, 청소년, 부모, 교사 등
모두에게 답답한 현실을 만들어내고 있다.

직면해야할 많은 가치관과 윤리적 판단의 기준에서 지적수준을 갖지 못하고 있는 것이다.
우리는 물어야한다. 보이지 않는 허와 실의 가치들이 어떤 결과를 가져다주는지.
우리는 관찰해야한다. 미세하고 매우 유혹적이어서 소리도 없이 다가오는 것들에 대비하는
배움이 무엇인지.
현실화 되지않고 조직화 되지않아 구체성을 갖지 못한 것에 빠른 판단보다는
끈질기고 치열하게 깊숙히 들여다보고 관찰하는 사고의 지속성을 갖기 원한다.
호기심과 궁금증을 갖고 말이다.

이미 누군가 생각하고 창작해놓은 결과에 놀라고 만족하지 말고
내가 생각해내고 생성시켜야하는 과정을 즐기면서 배우는 역량으로
눈에 보이지 않아 답답하고, 마음으로 진정 궁금해진 것,
익숙하지 않은 것들에 시선을 고정하고 서서히 다가가는 바라봄이 일상의 감동으로
경이로움을 느끼고 배우게 될 것이다.
그러면 아이들은 스스로 혼돈의 어둠속에서 홀로 빛을 찾고 고요함속에서 미세한 소리를 듣고
느끼는 지적사고의 감각을 열게 될 것이다.

#42 채움의 지혜

채움의 지혜는 신념의 이해로 열린다.

지식은 믿음의 소산이다.
그래서 우리는 지식에 의해 믿음을 판단할 수 없다.

어리석은 자의 마음속에는 신이 없다.
그러나
아무리 어리석은 자라도 신이란 더 이상의 개념을 생각할 수 없는
존재임을 이해한다.

더 이상의 것을 생각할 수 없는 존재는 모든 공간안에 존재한다.

공간안에 인간과 물체가 있다면 그 안에도 내재하는 것이다.

창조주는 완전한 것이다.
완전하다는 것은 존재성을 말한다.
그러므로 우리안에 창조주는 존재한다.

대전제를 인정한다면 우리의 지적사고는 집중력을 갖고 중심축을 만들게 된다.

모든 생각의 존재는 정교한 구조를 갖는데
그 정교한 구조는 환경으로부터 온다.

아~ 창조주가 주신 나의 사명이여.
전에는 교육의 나눔의 미(美)를 몰랐으나.
이처럼 잘 이해한 이상 그것을 하지 않을 수가 없네요.

* 스콜라철학의 아버지 안셀무드를 읽고

167

#43 지혜의 설레임이여~

나를 찾고 세상을 바라보면 경이로움은 내 것이 된다.

주체적 삶을 사는 사고의 경계에서
일상의 가치를 찾고 관계성을 맺어 가면
소리도 없이 미세하여
볼 수도 없는 자연스러움으로
놀라운 감동이 따라온다.

#44 원칙과 변칙은 사랑이다!

손자병법 군쟁과 구변편에는 묘한 긴장이 흐른다.

상징으로 집중되는 전술의 통제력이 하나의 약속처럼 움직이는 통일성을 만든다.
통일성, 이후 오는 것이 쟁취겠지.

일상에 널려있는 많은 원칙들.
소소하게 흘려보낸 많은 시간.
이상스레 쌓인 원칙들이 세상의 변칙들을 받아들이는 힘이 된다.

지난 3년간 수없이 있어온 월요일,
그 원칙들이 쌓여 우리 마음에 사랑이 생겼습니다.
어떤 변칙스러운 마음도 받아주고 이야기 나눌 수 있는 원칙.
사랑이 생겼습니다.

어떤 월요일에는 비워 내야했고 어떤 월요일에는 채워야했습니다.
그 비움과 채움이 이제 편안한 월요일의 마음이 되었습니다.

치열한 전쟁을 이야기해도 따뜻한 마음이 차오르는 월요일.

길게 버티어온 시간과 공간이 한참을 달려야 얻어지는 마음의 중심을 얻었습니다.
그래서 흐뭇한 월요일입니다.

#45 인정하고 사는가!

관계속에서 상대방을 배려하고 인정하는 것에 머뭇거리는 나는
그것이 경쟁관계 속에서 밀려난다는 의미로 받아들였기 때문이었다.

그러나
밀려남의 두려움은 그 생각의 머뭇거림에 있다는 것을 알아야 한다.

결국,
상대를 인정하면 내가 진다고 생각하는 것 자체가
상대에게 지고 있다는 사실을 알아야 한다.

#46 감각의 부드러움을 느껴라!

철저한 경건주의의 단순한 삶,
그속에 혁명을 이끄는 인간 한계의 지적수준을 보여준 임마누엘 칸트.

그의 합리적이며 경험적인 비판들이
서양 근대철학을 융합하는 시작을 만든 듯~

가녀린 체구에 타인의 사고를 부드럽게 유발시키는 능력이 참 매력인 칸트.
그의 넓은 이마를 보면 유쾌함과 지적인 사고의 유연함이 느껴진다.
풍부한 본질 사고의 깊이가 느껴지는 칸트

청소년들이여~
칸트의 순수이성비판에 함 빠져 보시길~

[오늘의 사고유발 리딩문장]
언제나 중요한 문제는 오성과 이성이 경험을 떠나서
무엇을 어느 정도까지 인식할 수 있느냐! 하는 것이지!
사고하는 능력 자체가 어떻게 가능한가! 하는 것은 아니다.

[임마누엘 칸트] Immanuel Kant, 1724 ~ 1804

#47 본능은 후천적 사고로 성장한다!

인간에게는 누구나 선천적으로 주어지는 것이 있다.
그것은 특별히 분석하거나 설명하지 않아도 이해되는 필연성과 당연성이 있다.

<<농부와 언 뱀>> 이솝우화는 추위에 뻣뻣해진 뱀을 불쌍히 여겨 가슴으로
녹여주고 자신은 물려죽는 다는 이야기.
농부의 마음과 행동에 긍정의 마음을 갖게 한다.

이는 아마도 인간이 가진 선천적 본성으로 표출되는 행동으로 보기 때문이 아닐까?

그러나 <<시계편>>은 우리에게 말한다.
승리해야하는 전쟁의 원칙에서 기피해 여할 행동이 바로 농부의 행동이라고~

전쟁은 본능적 감각에 경험을 통해 얻어진
선험적 지식들이 전술로 정리되야하는 속성을 갖고 있다.

일상의 관계속에서 성취를 원하는가!
감성의 선험적 지식을 후천적 논리사고로 확장하는 방법을 알아야 할 것이다.
이를 위해 특별히 배움에 사유하는 사색과 묵상이 있어야 한다.

그중 최고의 방법은 자기고백이 있는 글(에세이, 컬럼)을 쓰고 리딩해보는 것이다.
이것이 본질을 직관하는 의식의 배움이다.

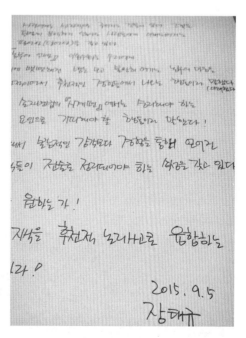

#48 땅이 우리에게 말하고 있는 것

인간은 땅을 밟으며 살아야 한다.
땅의 기운이 발을 통해 우리 몸속에 들어와 복을 주는 이유가 되기 때문이다.

그러나
전쟁속의 대지는 그 고마움이 다르게 사용된다.

비지무사, 절지무류, 위지즉모, 구지합교, 사지즉전

수레와 말이 가지못할 정도의 땅에는 숙영하지 않는다.
적과의 요충지에서는 거리를 두고 보조를 맞추며
인가에서 먼 땅은 오래 머물지 않는다.

출구가 적고 사방이 산과 강이라면 만일의 태세에 대비해야한다.
부득이한 사정으로 진퇴가 어려운 땅에서는 전력을 다해 싸워야한다.

농부가 땅을 다루지 못하면 농부인가!
누구에게나 공평한 열매를 주는 대지의 흙!
노력하고 애써 사랑한 만큼 돌려주는 수확!

이솝우화 농부와 언 뱀에서 그런 고마움을 아는 농부이기에
한겨울 몸이 얼어가는 뱀을 가슴으로 녹이는 싸움를 벌이고 후회하며
스스로 죽음을 택한다.

뱀의 속성을 알고있는 농부의 행동이 오늘 내게 깊은 사유를 하게 한다.

#49 햇빛과 달빛의 이원론에 빠지다

본능은 후천적 사고로 성장해야한다.

자아와 자신의 구분은 어디인가!
인간의 내적견지에서 나는 어떤 존재이며,
영원의 관점에서 인간이 어떤 존재로 보이는가!

평균의 개념인 일반화, 보편성으로
인간의 범주를 정해놓은 관계성만 있다면
참 맛없는 삶이 되지않을까?

그 시작을 알 수 없는 직관의 선천성은
감정의 논리성을 기반으로 이성을 찾는
드러남의 배움으로 성장해야 할 것이다.

보이는가! 직관의 정돈됨이
형이상학적 존재에도
무섭게 논리적으로 범주화되고 있는
수많은 어울림의 존재들이 말이다.

#50 와~우 북페스티벌에 가다!

오랜만에 가본 젊음의 거리 홍대.
많은 인파. 그 속에 어울림을 가져보려는 책거리~

돌아오는 길에 지인이 전시하는 [더 갤러리]에 들렀다.
캘리그라피디자인 작품감상.

흥미롭네.
정제되고 깊은 사유가 풍기는 작품들.

그중 서커스를 좋아해서 동물일러스트를 그린 몇 작품이 눈에 쏙 들어왔다.

작품 앞에선 작가와의 대화는 날것의 지식과 지혜의 고백이 있어.
참 좋다.

오늘은 베테랑이 아닌 수줍음 많은 처녀작가와 나눈 대화가 가슴을 찡하게 한다.

떨리는 마음으로 사람들에게 자신의 작품을 선보이는 첫 설레임.
그 여린 속마음을 담대하게 세상과 딜하는 배짱을 배웠으면 하는 마음을 전했다.
발목과 종아리가 뻐근하게 저리도록 다니며 이것저것 살펴본 와~우~ 북패스티벌.
책을 사랑하는 사람들과의 소통기회를 마련해주심에 감사의 마음을 전하며~

#51 손자병법 그림코칭 - 성취

성취는 어떻게 오는가!

손자는 군쟁편에서 우직지계를 언급했다.

적보다 늦게 출발해도 유리한 곳을 선점할 수 있다.

우회하는 것이 직진하는 것보다 빠름을 안다.

어떻게 성취를 가져갈 것인가! 늘 고심한다.

눈으로 인식한 것은 곧 결과이다.

그것은 우리에게 원인개념을 제공한다.

그렇게 우리의 삶에 결과는 원인과 고리를 갖고 연결되어 있다.

현실에 주어진 결과 때문에 우리는 두려워하거나 슬퍼한다.

그저 결과로 작은 원인을 찾았다 만족하고 만다.

원인의 속성은 명확히 보이지 않는 것이 그 본질이다.

모호함의 명확성은 사랑이며 믿음이다.

믿음을 갖고 일상을 사랑 하여라. 보이지 않는 원인이 보일 것이다.

그러면 곧 성취는 다가온다.

지난 3년동안 한주도 빠지지 않고 인문고전독서 모임을 해온 월요독서모임팀
근래 들어 사유의 깊이가 참 깊다.

철학을 통한 존재감의 성취를 느끼는 요즘, 그들과 함께 다른 세상을 느끼며 이야기한다.

월요일, 얼마나 사랑스럽고 감미로운 기다림인가! 오랜 시간 사유교감으로 소소한 행복을 느
낀다. 그것이 전쟁터에서 핀 내 큰 성취이다.

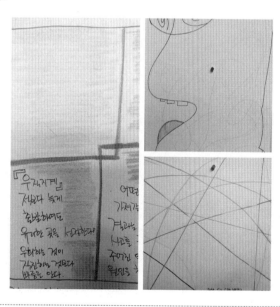

#52 손자병법 작전편 - 누가 승리하였나!

누가 전쟁터에 이긴 지혜자인가!

전쟁은 이상한 속성을 갖고 있다.
손자병법 작전편에는 속전속결이라는 전술이 나온다.

졸렬해도 오래 끌면 이겨도 별 볼일 없고 교묘한 작전이어도 오래 끄느니,
어설프게 서두르는 것이 나은 시간과의 싸움을 중시 언급한다.

이는 많이 준비해서 싸워야함을 승리로 말한 것이다.

모든 전쟁을 한번에 이긴자는 황제가 되고
모든 전쟁을 두번에 이긴자는 왕이 되고
모든 전쟁을 세번에 이긴자는 패권을 잡고
모든 전쟁을 네번에 이긴자는 약해지고
전쟁을 다섯번에 이긴자는 화를 당한다했다.

<두원수 이솝우화편>에서는 한배에 탄 두 원수의 이야기가 나온다.
결국 폭풍이 일어 배가 침몰하는 적이 조금 먼저 죽는 것을 보고 여한이 없다 말한다.
싸워야할 전쟁터에서 상대가 죽기를 기다려 세월을 보낸 것을 손자가 봤거나
손자병법의 작전편을 지혜로 가졌다면 과연 나중 죽은 자가 이긴 것일까?

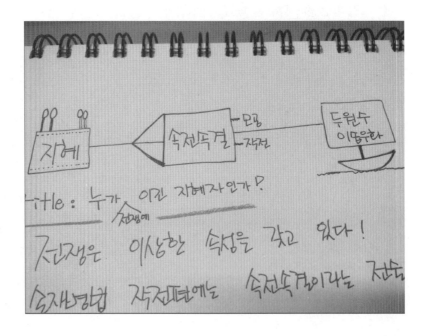

#53 승리의 본질

승리의 본질은 숨어있다.

병비익다야 유무무진 족이병력료적 취임이이 고령지이문 제지이무 시위필취

군대란 병력이 많다고 좋은 것이 아니다. 반드시 조심스럽게 관찰해야한다.
이후 상황에 맞는 인재를 뽑아 임무를 주면 될 뿐이다.

명령은 부드러운 덕(문)과 엄격한 (무)로 승리를 취할 수 있다.

행군이라함은 나아감이다. 나아감에는 원칙이 있다.
그 원칙은 미세하고 작은 단서를 통해 변화에 집중해야한다.

선전, 수전, 택전, 육전의 32가지 작전계획을 세워 지형을 보면 승리가 보이는 것이다.

깊은 사유의 손자병법을 배우고 일상으로 꺼내 소소한 의미들을 나누는 월요모임의 벗이 참
으로 내 지혜의 행군이요. 부드러운 문의 덕이요. 엄격한 무의 단호함이다.

전쟁에는 물음이 없다. 요즘 같은 세상이다.
반드시 필요한 것들을 실행하고 공식처럼 승리의 결과를 기다린다.

그러나 전쟁도 판이 바뀐 세상이 왔다. 물어야하고 반드시라는 조건은 달지 않는다.
유연한 사고와 본질의 물음을 통해 변화의 승리를 기다려야한다.

#54 지혜는 바람을 타고 흐른다!

너무도 멋진 스토리텔링이 담긴 그림들.

*손자병법의 작전편&모공편의 전술.
*심도있는 이솝우화 [두원수]의 사유.
*융합한 컬럼 에세이.

세상에 널린 유혹의 고정관념 [자기세상]에 과감하게 시선을 변화시켜주는
동료들의 그림을 보면서 고마움을 느낀다.

내 그림의 표상에서 다른 이의 표상으로 생각을 옮겨 흐를 때
우리는 어떤 것을 구상한다.

순수이성이 정리되는 기적을 보게 된다.
이것이 코페르니쿠스적 전회 (kopernikanische Wende)보다
더 강력한 사고의 혁신을 만든다.
오늘 토요 독서모임회원의 그림은 나에게 그 혁신을 가져다준다.

#55 나아감의 지혜

세상 모든 일에는 순리가 있다.
그것을 거스르면 참 힘들어진다.
물이 그렇다.
높은 곳에서 낮은 곳으로 흘러야 한다.
그 흐름을 깨면 물도 힘들고
온전한 싸움을 해야 하는 땅과 갈등이 생긴다.

어떤 삶의 상황과 관계성에든 나아감에는 원칙이 있다.

그 원칙하나!
작은 움직임에 큰 변화를 읽어라!
왜?
가끔은 그것이 큰 문제를 해결하는 아이디어를 주기 때문이다.

나아감에는 내 계획보다는 상대의 의도를 잘 파악해야한다.
나아감에 주저함은 내 주변상황에서 오기 때문이다.

행군의 숨어있는 본질은 그래서 우리의 처지가 아닌
적군의 상황에 있음을 아는 것이 곧 나아감의 지혜가 된다.

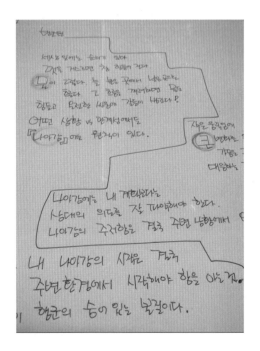

#56 나아감의 습작

산과 계곡은 서로 친한 친구 같다.
늘 만나고 헤어짐을 반복한다.
깊으면 깊게 얕으면 얕게 흘러준다.
서로를 배려하며 균형을 맞춘다.

그 틈 사이에 있는 인간은 덕을 본다.
높은 산과 깊은 골에서 인재가 난다하니, 있어주기만 하면 인재가 된다.

손자는 손자병업 행군편 전체를 높은 산과 계곡을 의탁해 이동하고
적를 살피는 것에 활용하였다.

전쟁의 행군, 즉 나아감에 산과 계곡은 아주 중요한 위치를 갖는다.

휘어 흐르는 계곡의 나아감에는 강약이 있다.
반대로 높이 솟은 산에는 뭐가 있을까?
아직 생각중이다.

높은 곳에 오르면 멀리 볼 수 있다.
그러나 낮게 볼 수 있는 것들은 놓칠 수 있다.
얕게 흐르는 계곡은 요란스럽다.
이내 그 속이 다 드러난다.
그러나 높은 산 깊은 계곡의 속은 그 깊이를 헤아리기 어렵다.

적보다 낮은 위치는 내 움직임과 방향이 적에게 노출됨을 의미한다.
그것은 곧 죽음을 뜻한다.

적에게 나아갈 때,
내 마음과 행동을 숨기는 법과 드러내 보이는 방법을 잘 알아야 할 일이다.
죽음과 삶에 연루된 전쟁터에서는 더더욱.

우리는 집밖을 나서는 순간 전쟁터로 향한다.
어쩌랴. 생존경쟁의 세상이니.

그런 세상속에 지혜로운 나아감을 배워야 할일이다.

#57 눈과 귀를 집중시켜라!

청년 리더여~ 눈과 귀를 집중시켜라!

훌륭한 리더는 큰 지혜를 갖고 있다.
그러나 그 지혜는 크게 흐르지 않는다.
전쟁터에서 작은 단위로 쪼개는 장수의 지휘능력은 가장 필요한 능력중 하나다.
이 능력이 눈과 귀를 집중시키는 병세를 만들어 준다.

수많은 전쟁터의 병사들,
시끄러운 고함소리와 비명소리,
끊임없이 터지는 대포소리는 옆 사람의 말도 잘 들을 수 없는 상황을 만든다.
적진을 향해 달리는 말과 병사들은 큰 흙먼지를 일으킨다.
적이 누구인지 조차 알 수 없도록 시야를 가린다.

긴박한 이런 상황에서 누가 더 병사와 잘 소통하는가에 의해
밀리거나 이기는 형세를 가질 수 있다.

1만명을 한명처럼 다루듯이 병사들의 눈과 귀를 집중시키는 세가 승리를 만든다.

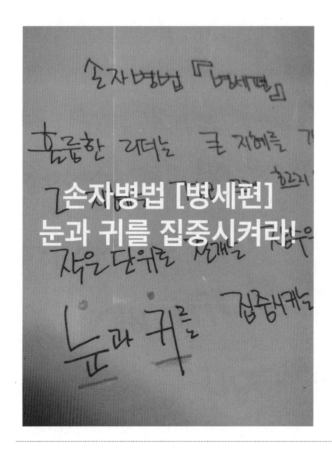

#58 사물의 결에 익숙해져라!

눈으로 보고 귀로 듣는 일.
하루 중 제일 많이 반복하는 일.

잘보고 잘 들어야하려면 어떻게 해야 하지?

· ·
존재하는 것에 결을 보는 것
· ·

물의 결을 본적 있는가?
공기의 결을 본적이 있는가?

손무는 전쟁의 결을 정리하여 손자병법을 남겼다.
군쟁과 병세편에 보면 지형과 지물에 대한 그의 결이 나온다.

1만명의 장수를 1명같이 다루기 위해 북을 치고 깃발을 사용하는 것,
한 장수의 온전한 결을 보는 것은 결국 1만명의 결을 다루는 통찰의 시작.

오늘 내주변의 한 사람의 결을 눈동자의 수많은 결로 보기를~

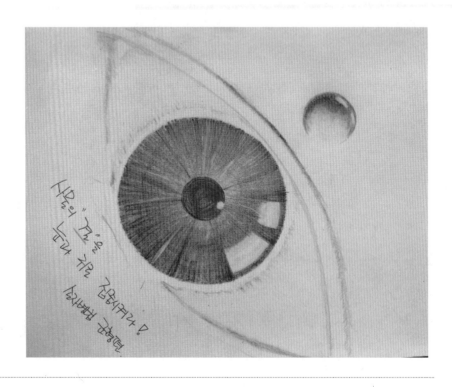

182

#59 어떤 길로 이끌 텐가!

사람들에게는 다양한 마음이 있다.
그러나 전쟁에는 오직 두마음이 존재란다.
이기려는 마음과 지려는 마음.

어떤 것은 본심을 숨겨야하고 어떤 마음은 기세를 만들어 드러내려 한다.

훌륭한 장수는 이기는 방향쪽으로 병사들의 마음을 이끈다.
수많은 땅(지형)의 유혹을 지나 참착하고 그윽하게 때로는 단호하게 그 길을 드러낸다.
명쾌한 그길, 잘 터주면 장수를 따라 병사들은 그 길로 간다.
이것이 손자가 말한 구지편,
사람의 마음을 움직이는 승리전술이다.

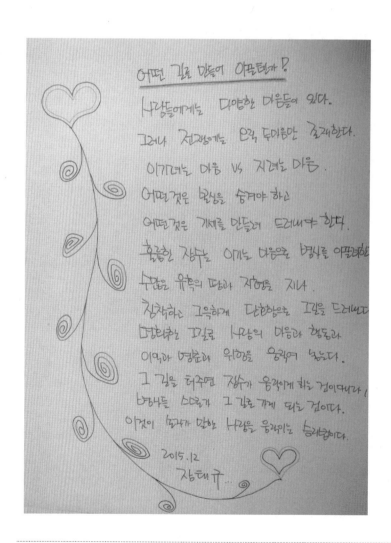

#60 달동네 지혜의 언덕, 빈민가의 빛! 창의인문학교 세우기!

아직도 겨울이면 연탄 냄새가 진동하며 공동화장실을 쓰는 곳,
즐비하게 들어선 판자집 지붕위에 엉켜있는 전기줄.
대한민국 서울 한복판에 아프리카 같은 곳,
대학생들이 어린 아이들을 위해 가르치던 야학의 태동이 있던 곳,

신림동 판자촌이다.

도시계발에 의해 지어진 아파트, 도로, 그 지역 밖으로 밀려난 사람들,
그들의 깊은 생활속 삶의 질과 교육처우는 커다란 육식공용처럼 느리고 무디기만 하다.

그 어두운 곳에 빛의 희망을 심기의해 아이와 부모에게 미래교육을 시켜야하는 곳,
[나는 신림동 언덕 산동네에 창의인문학교를 짓고 싶어졌습니다]

무지와 빈곤, 가난으로 오는 폭력, 살인, 인성의 문제들은 결국 교육으로 해결해야함을
우리는 알고 있습니다. 모두가 가기 싫어하고 두려워하는 그곳에 아이들의 미래교육을 위해
가파른 계단을 올라도 즐거움이 있고 창의사고와 행동을 마음껏 배울 수 있는 학교를 세우고자
합니다. 후원해주시고 재능을 나눠주세요. 어떤 재능도 좋습니다. 어떤 정보도 좋습니다.

공정한 출발선 플랜(Fair Start Plan)의 활동을 아는지 물어봐 주세요.
그 작은 물음이 변화에 힘이 됩니다.

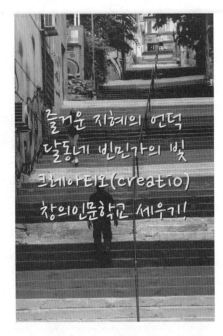

* 사진출처 : design-dautore.com

창의인문독서교사 교육을 시작하며

잡지(꼴라쥬)와 도형피스를 활용한 창의사고체험교육

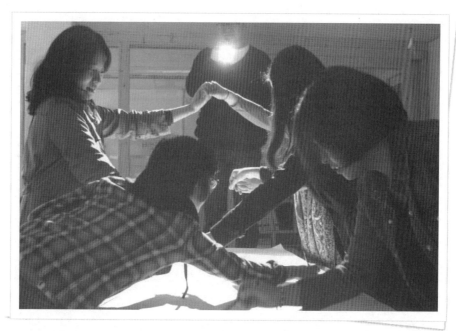

빛과 그림을 활용한 손자병법의 사고유발 교육체험

빈민가 아이편 창의인문독서교실

직선과 곡선을 활용한 창의사고 끄집어내기 자기소개

40주의 창의인문독서코칭 교육을 마친 청소년 창의인문독서교사^^

자녀들의 진로코칭을 위한 학부모 독서코칭 설명회

는 배움에 공정한 출발선 Fair Start for Children 출발선을 만들어 갑니다.

아이펀 창의독서교육

손자병법, 이렇게 읽어라!

초판 1쇄 인쇄 : 2017년 1월 20일
초판 1쇄 발행 : 2017년 2월 3일

지 은 이 : 장태규
펴 낸 이 : 장태규
펴 낸 곳 : 도서출판 아이펀(등록번호 251002010000334)
누 리 집 : www.eduifun.com / www.ifunstuio.org
주   소 : 서울시 서초구 서초대로 29길 22
이 메 일 : ifun7942@naver.com
디 자 인 : 양수진
구매문의 Tel : 02-715-6755 Fax : 02-715-6756

도서유통 : 비전북(031-907-3927)
제   작 : 주식회사 창조인(1833-6339)

ISBN   978-89-966139-6-1

<교재 제작에 함께 해준 교사>
유영근, 양수진, 백미희, 안선주, 김현아, 김소연, 한지효, 소순탁, 김미숙 교사

<창의독서코칭 강의의뢰 작가 카톡ID : ifun7942>